시작된 미래

자본주의 이후 다가올
네 개의 세상에 대하여

시작된 미래

자본주의 이후 다가올
네 개의 세상에 대하여

피터 프레이즈 지음
박현주 옮김

우리교육

일러두기

* 책 제목은 『 』로, 작품명이나 논문 제목은 「 」로, 잡지나 일간지 명은 《 》로, 영화나 TV 프로그램 제목은 〈 〉로 표기하였습니다.

* 도서명 중 국내에 출간된 경우에는 한국어판 제목만 표기하였으며, 그렇지 않은 경우는 처음 나올 때 번역한 제목과 원서 제목을 병기하였습니다.

시작된 미래
자본주의 이후의 사회

2018년 5월 10일 처음 펴냄

지은이 피터 프레이즈
옮긴이 박현주
펴낸이 신명철
편집 윤정현
영업 박철환
관리 이춘보
디자인 최희윤
펴낸곳 (주)우리교육
등록 제 313-2001-52호
주소 03993 서울특별시 마포구 월드컵북로 6길 46
전화 02-3142-6770
팩스 02-3142-6772
홈페이지 www.uriedu.co.kr

ISBN 978-89-8040-382-0 03330

이 도서의 국립중앙도서관 출판시도서목록(CIP)은
서지정보유통지원시스템 홈페이지(http://seoji.nl.go.kr)에서 이용하실 수 있습니다.
(CIP 제어번호:CIP2018012780)

차례

대재앙일까? 유토피아일까?

과학기술과 생태 위기가 빚어낼 미래의 모습

21세기 지구를 두 개의 유령이 배회하고 있다. 생태적 대참사와 자동화다.

　2013년 미국 기상대는 세계 관측 역사상 처음으로 지구 대기 중 이산화탄소 농도가 400ppm에 이르렀다고 밝혔다.[1] 이 임계치는 지구가 무려 지난 300만 년 동안 경험해보지 못한 수치로, 다음 세기에 기후변화가 더욱 가속할 거라고 예고한다. IPCC(기후변화에 관한 정부 간 패널the Intergovernmental Panel on Climate Change)는 해빙의 감소, 해양 산성화, 그리고 가뭄과 거대 태풍의 발생이 증가할 것으로 내다보고 있다.[2]

　동시에 실업률은 높고 임금은 오르지 않는 상황에서 과학기술이 괄목할 만한 진전을 이뤄내고 있다는 소식은 자동화가 노동의 미래에 미치는 영향 때문에 불안한 경고로 받아들여져 왔다. 2014년 초 MIT 교수인 에릭 브린욜프슨과 앤드루 맥아피는『제2의 기계 시대: 인간과 기계의 공생이 시작된다』라는 책을 발간했다.[3] 이들은 농업이나 제조업과 같은 전통적인 분야에서뿐만 아니라, 의학과 법률을 비롯하여 운송 분야에 이르기까지 컴퓨터와 로봇공학 기술이 인간의 노동을 대체한다고 미래를 개관하였다. 옥스퍼드대학 한 연구팀의 널리 알려진 보고서는, 오늘날 미국 일자리 가운데 절반은 컴퓨터 자동화에 취약하다고 추정하였다.[4]

이 두 가지 우려는 하나의 쌍을 이루고 있지만 여러모로 정반대다. 하나는 기후변화가 만들어내는 공포로 너무 적게 갖게 될까 하는 두려움이다. 자연 자원이 부족해지고 경작지와 거주 환경이 감소하다가, 인류의 생명을 지탱해줄 지구가 마침내 종말을 고한다고 예측한다. 반면에 자동화가 주는 공포는 늘 '너무 많이 갖게 될까' 하는 두려움이다. 완전히 로봇화한 경제는 인간 노동력이 거의 들어가지 않으면서도 많은 것을 생산하기 때문에, 노동자들을 더 이상 필요로 하지 않는다. 우리는 정말로 결핍과 풍요라는 두 가지 위기와 동시에 직면할까?

우리가 실제로 서로 모순된 이중 위기에 직면하고 있다는 것이 이 책의 논점이다. 그리고 이러한 두 동학動學, 動態理

論의 상호작용으로 인해 우리가 경험하는 역사적 순간은 기대와 동시에 위험으로 가득한 채, 매우 변덕스럽고 불확실한 것이 된다. 앞으로 나는 이 두 동학 사이에서 일어날 수 있는 상호작용들을 묘사할 것이다.

그러나 우선은 자동화와 기후변화를 둘러싼 현재 논점의 윤곽을 독자들에게 제시할 필요가 있겠다.

로봇의 부상

2013년에 잡지 《마더 존스Mother Jones》는 "고마운 로봇 신이시여, 제발 우리를 해고하지 마시길?"[5]이라는 제목의 특집 기사를 실었다. 권위를 인정받는 진보적 칼럼니스트인 케빈 드럼이 쓴 이 글은 경제의 모든 분야에 걸쳐 자동화와 컴퓨터화가 급속히 확산하고 있음을 개괄하면서, 최근에 일어난 많은 예를 소개했다. 사례를 보면 모든 새로운 기계장치들이 가져올 변화에 대해 경이로움과 공포 사이를 오가는 경향을 알 수 있다. 드럼이 다룬 사례들은 급속한 자동화가 모두에게 더 나은 삶의 질과 여가를 누리며 살 수 있는 세상의 가능성을 보여준다. 하지만 반대로 대량실업과 상위 1%의 지속적인 축재를 예고하기도 한다.

　이것은 결코 새로운 갈등이 아니다. 19세기부터 전해 내려오는 '존 헨리와 증기 해머 이야기'가 있다. 금속 동력천공기와 경주해서 이기려 한 철도노동자 이야기인데, 그는 결국 급사하고 말았다. 여기에 몇 가지 요소가 더해지면서 기술과 그 기술이 노동에 미치는 영향으로 걱정이 증대하고 있다. 우선 불황이 지속되면서 노동시장의 신규 고용이 줄어들기만 해 일자리 상실에 대한 불안감은 일반화됐다. 그리고 자동화와 컴퓨터화는 오랜 세월 전혀 영향받지 않을 것처럼 보였던 전문적이고 창의적인 산업에도 손을 뻗치기 시작했다. 급기야는 이런 이슈를 다루는 저널리스트들의 일자리까지 위협하고 있다. 게다가 많은 이가 과거 어느 때보다 변화의 속도가 빠르다고 느낀다.

　'제2의 기계 시대'는 브린욜프슨과 맥아피가 제창한 개념이다. 같은 제목의 책에서 그들은 제1의 기계 시대―산업혁명―가 기계의 힘으로 인간의 근육을 대체한 것처럼, 컴퓨터화는 "우리가 처한 환경을 이해하고 그 환경에 영향을 미칠 수 있도록 우리 뇌를 사용하는 능력"을 엄청나게 향상시킬 뿐 아니라 심지어는 대체할 수 있다고 주장했다.[6]

　이 책과 앞서 나온 『기계와의 경쟁』이라는 책에서 이들은 컴퓨터와 로봇들이 고숙련과 저숙련 직무 모두에서 유사하게 인간 노동을 대체하면서, 모든 경제 분야로 급속히 스며들고 있다고 주장했다. 이들이 주장하는 핵심 문제는 세상의 거의 모든 것 즉, 책과 음악에서부터 도로망에 이르기까지 모든 것을 복제하여 거의 무상으로 세계 곳곳에 곧바로 전송할 수 있는 형태인 디지털 정보로 가공하는 것이다.

이를 응용한 사례는 특히 실생활 로봇공학과 센서 기술의 발전과 맞물리면서 엄청나게 광범위해졌다. 미국 노동부의 다양한 직업 자료에 대한 상세 분석을 활용한 연구에서, 옥스퍼드대학 연구원인 칼 베네딕트 프레이와 마이클 오즈번은 현재 미국 일자리의 47%가 과학기술의 발전으로 인한 컴퓨터화에 취약하다고 분석했는데, 이 연구는 널리 인용되고 있다.[7]

같은 데이터를 이용하여 좀 더 긴 기간에 대해 다른 연구 방법을 적용하여 분석한 OECD 연구원 스튜어트 엘리엇은 이 수치가 무려 80%까지 높아질 수 있다고 제시하였다. 물론 이러한 수치들은 주관적인 분류와 복잡한 양적 방법론을 적용하여 얻은 결과이기 때문에, 수치 자체에 많은 의미를 부여하는 것은 적절치 않다. 그럼에도 불구하고 가까운 미래에 급속도로 자동화가 이뤄질 가능성이 매우 크다는 점은 분명하다.

　브린욜프슨과 맥아피는 아마도 급속한 자동화 학설을 이끄는 이들로는 가장 유명할 것이다. 그들의 연구는 급격한 진전이 이루어지는 부문에 잘 들어맞는다. 예를 들어 보자. 소프트웨어 기업가인 마틴 포드는 그의 2015년 저서 『로봇의 부상』[8]에서 유사한 분야를 연구한 바 있다. 그도 동일한 다수의 문헌에 근거해서 자동화 속도에 관해 같은 결론에 도달한다. 그 결론은 좀 더 급진적인데, 보편적 기본소득의 보장—이것은 이 책의 뒤에서 다룰 것이다—이 두드러진 위치를 차지하고 있다. 반면에 이와 다른 견해를 갖는 많은 글은 교육에 관한 낡은 이야기 외에 별다른 것을 제시하지 못한다.

　급속하게 진행되면서 사회적으로 교란을 일으키는 자동화에 관해 많은 사람이 글을 쓴다는 사실이 자동화가 임박했다는 것을 의미하지는 않는다. 앞에서 지적했듯이 노동 절약적 기술에 대한 우려는 사실 자본주의 전 역사에 걸쳐 지속되어 왔다. 우리는 인간 노동에 대한 수요가 급격히 줄어들 가능성—실제상황이라 할 수는 없으나—을 가진 여러 조짐을 보아왔다. 몇 가지 사례를 통해 인간 노동이 줄어들고 있거나 혹은 완전히 사라진 다양한 영역을 살펴보기로 하자.

2011년에 IBM은 언론의 헤드라인을 장식했는데, 〈제퍼디Jeopardy〉라는 TV 퀴즈 쇼에서 슈퍼컴퓨터 왓슨이 인간과 경쟁해서 현격한 실력 차로 우승한 것이었다. 이날의 위업은 매스컴에서 만들어낸 떠들썩한 묘기에 지나지 않았지만, 왓슨이 더 중요한 다른 과제에도 적합할 수 있음을 보여주었다. 이 기술은 이미 방대한 양의 의학 문헌을 정보화해 환자 진료 보조용으로 테스트 중인데, 이것이 본래 목적이었다. 또한 이 기술은 고객 서비스와 기술 지원 응용을 위해 만든 "왓슨 업무 보좌관Watson Engagement Adviser"이라는 프로그램으로도 공개되었다. 이 프로그램은 사용자의 일상어로 이루어진 질문들에 구애받지 않고 응답함으로써, 현재 그 업무를 수행하는 (인도와 같은 곳에서 수많은) 콜 센터 노동자들을 대체할 수도 있다. 또한 전통적으로 수많은 신참 변호사가 수행하던, 엄청난 시간이 소모되는 법률 문서 검토에도 전도유망하다.

급격한 진전이 있는 또 다른 분야는 기계장치의 실생활과 교류하는 로봇공학이다. 20세기에 걸쳐 위대한 진전은 자동차 조립라인 등과 같은 유형의 대규모 산업로봇의 발전에서 이루었다. 최근 들어서야 인간이 우위를 점하는 분야인 미세 동작 기술과 복잡한 자연 지형의 운항에 로봇들이 도전하기 시작했다. 미 국방성은 군복을 중국으로부터 수입하지 않으려고, 컴퓨터가 제어하는 재봉틀을 개발하고 있다.[9] 불과 몇 년 전까지만 하더라도 자율주행차 또한 인간 기술 능력의 범위를 벗어난 것으로 간주하였다. 그러나 지금은 구글 자율주행차와 같은 프로젝트에서 보는 것처럼 센서 기술과 광범한 지도 데이터베이스의 결합으로 인해 현실화하고 있다. 한편 로커스 로보틱스Locus Robotics라는 회사는 대형 창고에서 명령을 수행하는 로봇을 출시했는데, 이는 종종 살인적인 환경에서 힘들게 일하는 아마존이나 다른 기업의 노동자들을 대체할 가능성이 크다.[10]

특히 자동화는 미국을 비롯한 선진국에서 한때 인간 노동의 가장 큰 비중을 차지했지만 지금은 아주 적은 노동을 소모하는 농업에서조차 지속해서 진전되고 있다. 멕시코의 경제 사정 변화와 미국-멕시코 국경 단속으로 인해 캘리포니아에서는 노동력 부족이 발생하곤 한다. 그에 따라 농부들은 지금까지 정교한 인간의 손으로나 가능했던 과일 수확 같은 섬세한 작업까지 할 수 있는 새로운 기계를 사들이는 데 박차를 가해왔다.[11] 이런 상황 전개는 노동자들의 힘이 세져 임금이 높아질수록 자본가들을 자동화로 내모는

압박 증대로 반복되는 자본주의 동학을 보여준다. 낮은 임금의 이주 농업노동자들이 넘칠 때 10만 달러짜리 과일 수확기를 쓰려는 것은 낭비다. 그러나 노동자를 구하기 어렵고 높은 임금을 요구하는 상황이면, 이들을 기계로 대신하려는 유인은 강화된다.

자동화 경향은 자본주의 전 역사를 관통해왔다. 소련의 붕괴와 중국의 자본주의 전환 이후 세계 자본주의가 받아들인 값싼 노동력의 대량 투입으로 인해, 자동화 경향은 완화되고 어느 정도 감추어졌다. 그러나 최근 중국 기업들조차 노동력 부족에 직면하면서 자동화와 로봇화라는 새로운 길을 필요로 하고 있다.

예는 셀 수 없을 만큼 많다. 마취과 전문의를 대체하는 로봇 마취과 의사들, 맥도날드 직원을 대체할 수 있는 햄버거 만드는 기계, 하루에 집 한 채를 통째로 만들어내는 대형 3D 프린터. 매주 신기하고 새로운 것들이 나온다.

자동화는 이런 것을 넘어서 가장 오래되고 근본적인 여성 노동의 영역으로 옮겨갈 것 같다. 1970년대 급진적 페미니스트인 슐라미스 파이어스톤은 재생산 관계에서 지배당하는 지위에서 여성을 해방시키기 위하여 인공자궁에서 아이를 키우자고 촉구했다.[12] 당시에는 상상에서나 가능했던 이러한 기술들이 오늘날 현실이 되고 있다. 일본 과학자들은 인공자궁에서 염소를 성공적으로 출산시켰고 인간 배아를 열흘 동안이나 배양했다. 현재 기술을 인간 배아에 적용하여 일정 기간 이상 실험하는 것은 과학적 측면에서의 기술적 어려움만큼이나 법에 따라 엄격히 제한되어 있다. 일본은 인공적으로 인간 배아를 14일 이상 배양하는 것을 금지하고 있다.[13] 많은 여성은 자동화의 전망을 당혹스러워하며 임신하는 경험을 하고 싶어 한다. 그러나 반대 의견을 가진 수많은 다른 여성은 출산의 의무로부터 벗어나기를 바랄 것이다.

이 책 대부분에서 수십 년이라는 짧은 시간 안에 우리가 〈스타트렉〉 같은 세계―케빈 드럼이 《마더 존스》에 쓴 것처럼 "로봇이 인간이 할 수 있는 모든 것을, 불평 없이 하루 24시간 내내 하는" 그리고 "일상 소비재의 부족은 이미 과거의 일이 되어버린"[14]―에 살게 될 거라는 자동화에 대한 낙관론자들의 전제를 당연하게 받아들일 것이다. 그들의 주장은 부풀려지게 마련이지만, 이 책의 목적에는 적합하다 할 수 있다. 근본 원리들을 묘사하기 위하여 단순화된 이념형을 그려냄으로써 의도적으로 과장하는 것이 나의 접근 방식이기 때문이다. 전적으로 모든 것이 로봇에 의해 행해질 것이냐는 사실은 중요하지 않다. 중요한 것은 현재 인간에 의해 수행되는 많은 양의 노동이 자동화 과정에 있다는 사실이다.

그러나 얼마나 빨리 자동화가 진전될 수 있는가. 그리고 어떤 공정이 자동화에 취약할 것인가를 두고는 많은 논쟁이 있다. 따라서 그러한 추이의 사회적 결과를 면밀히 검토하기 전에, 우리가 살고 있는 이른바 '제2 기계 시대'의 최근의 급속한 진전을 추려보겠다. 이것은 대규모 산업 자동화라는 제1 기계 시대의 속편—혹은 상당수 사람이 바라보듯이 그저 그 시대의 확장 중 하나—이다.

기계화된 세상에 대한 두려움

광범위한 자동화의 예견과 그 두려움에 대한 반론은 크게 볼 때 세 가지 범주로 나누어진다. 어떤 사람들은 새로운 기술에 대한 보도가 과장되었고 지나치게 부풀려졌으며, 대부분 분야에서 기계가 인간 노동을 제대로 대체하려면 갈 길이 멀다고 주장한다. 또 다른 사람들은 주류 경제학의 전통적 견해를 좇아, 과거의 급격한 생산성 향상은 대량 실업이라는 결과를 가져온 것이 아니라 새로운 종류의 일과 새 일자리를 펼쳐놓았을 뿐이라면서, 이번의 경우도 다르지 않다고 주장한다. 마지막으로 좌파의 일부는 미래의 자동화 시나리오에 대한 극단적 강조를 정부 투자와 부양정책, 임금 인상 및 작업환경 개선 같은 긴급한 정치적 과제들로부터 주의를 흐트러뜨리는 것으로 간주한다.

노동의 종말에 관한 보고서들

기술의 중요성이 과장됐다고 믿는 사람들은 통상적으로 생산성 증가를 나타낸 통계를 지적한다. 로봇과 기계를 대량 투입하면 노동생산성(노동자 1인이 생산하는 산출물의 양)이 급속히 늘어났다는 통계 수치가 잡혀야 한다. 그러나 실제 최근의 생산성 증가율은 상대적으로 낮은 상태가 지속돼왔다. 미국 노동통계국은 2007년부터 2014년까지 연 생산성 증가율이 겨우 1.4%에 불과하다고 보고했다. 이것은 1970년대 이래 어느 때보다도 낮은 증가 속도며, 전후 호황 시절의 절반 수준이다.

이를 근거로 일부는 로봇공학이나 컴퓨터 분야에서의 획기적 발전에 관해 입증되지 않은 성장 회계는 오도된 것이라고 주장한다. 왜냐하면 실질적인 경제적 결과로 바뀌지 않았기 때문이다. 경제학자인 타일러 카우언과 로버트 고든이 이 견해에 가장 가깝다.[15] 《레프트 비즈니스 옵서버Left Business Observer》의 더그 헨우드가 좌파에서는 비슷한 예에 속한다.[16]

카우언이나 고든 같은 더 보수적인 경제학자들의 입장에서 볼 때 문제는 주로 기술이다. 신기술은 적어도 경제적인 면에서 볼 때 획기적 발전을 이룬 전기나 내연기관과 비교하면 그리 위대한 것이 아니다. 카우언의 용어에 따르면 우리는 '낮은 가지에 달린 과일'을 따왔고, 더 이상의 무엇을 발견하지 못한다면 가까운 미래에 느린 성장을 피할 수 없게 된다.

경제및정책연구센터Center for Economic and Policy Research의 헨우드와 딘 베이커 같은 좌파 비평가들은 문제를 기술이 아니라 정책에서 찾는다. 그들은 2008년의 침체 이후 경제의 미약한 회복을 자동화 탓으로 돌리는 것은 쟁점으로부터 주의를 흐트러뜨리는 행위로 받아들인다. 그들이 보기에 정부는 재정 확대를 통한 부양 정책과 일자리 창출에 역점을 두고 충분히 노력하지 않았고, 그 결과 경제가 완전고용에 도달하는 것을 가로막았던 것이 실질적인 문제이기 때문이다. 이 관점에서 보면 로봇에 대한 염려는 사실에 반하는 것(왜냐하면 생산성 증가가 낮기 때문에)일 뿐만 아니라 정치적으로 반동적이다.

그러나 브린욜프슨과 맥아피를 비롯하여 다른 사람들은 근본적으로 획기적 진전을 당장 이루지 못하더라도, 우리가 이미 보아온 획기적 진전들을 개량하고 재결합함으로써 얻을 것이 많다고 주장한다. 이것은 역사상으로는 흔한 방식이다. 예를 들면 대공황기에 발견되었던 수많은 신기술은 전후 호황기가 되고서야 비로소 경제적으로 충분히 이용되었다. 더욱이 인터넷을 통해 공짜로 신속하게 이용할 수 있는 막대한 양의 정보—이것은 내가 이 책을 쓰는 효율성을 엄청나게 증가시켰다—와 같이 수량적으로는 GDP에 반영되지 않는 변화들도 우리의 사회적 부를 이룰 수 있다.

자동화 논의에 대한 좌파적 비판은 제한된 범위에서는 옳지만, 그들의 분석은 충분히 멀리 내다보지 못한 것이다. 왜냐하면 최근의 생산성 경향은 경제의 단기 균형과 그것의 장기 잠재력 사이에서 생기는 특이한 긴장의 반영으로 읽을 수도 있기 때문이다.

21세기 들어 발생한 두 차례 경기 침체는 회복은 되었으나 임금 정체와 높은 실업률을 특징으로 하는 미약한 회복이었다. 실업 상태의 저임금 노동자 군이 광범위하게 존재하는 상황에서 고용주는 자동화할 이유가 없다. 노동자를 고용하는 비용이 더 적게 든다면 무엇 때문에 로봇으로 교체하겠는가? 그러나 이 원리는 임금이 오르고 노동자를 구하기 힘들어지면 고용주들은 노동자를 고용하는 데 추가로 돈을 들이는 대신, 필연적으로 현재 개발된 신기술들을 사용할 것이라는 사실로 귀결된다. 다음 절에서 나는 노동시장을 얼어붙게 만드는 실질적인 장애가 기술적인 문제 때문이라기보다는 현재의 정치임을 보일 것이다.

자동화의 궁극적 대가

주류 경제학자들은 자동화가 노동에 미치는 가상의 위험에 관하여 여러 세대에 걸쳐 똑같은 주장을 해왔다. 만일 어떤 일자리가 자동화된다면 노동은 다른, 새로운, 그리고 아마도 더 나은 유형의 일을 위하여 해방되는 것이라고 말이다. 그들은 농업을 예로 드는데, 미국 같은 선진국들에서 한때 대부분의 노동력을 고용했으나 현재 농업 고용은 고작 전체 노동력의 2%를 차지할 뿐이다. 농업 고용이 감소하면서 공장으로 가는 노동력이 해방됐고, 이 노동력이 20세기 중반에 산업화한 위대한 제조업 경제를 형성하게 된다. 연이은 자동화와 제조업의 해외 이전은 차례로 서비스 부문의 호황을 이끌어냈다.

그렇다면 오늘날이라고 다를 게 있겠는가? 만일 로봇이 당신의 일자리를 빼앗아 간다면, 또 다른 일자리가 분명히 생겨날 것이다. 이 입장을 지지하는 사람들이라면 제러미 리프킨의 『노동의 종말』과 스탠리 애로노위츠와 빌 드파지오의 『일이 없는 미래The Jobless Future』[17]와 같은 저작을 남겼던 1990년대의 자동화에 대한 두려움의 물결을 들먹일 수 있다. 일찍이 1948년에 수학자이자 인공두뇌학자인 노버트 바이너는 그의 책 『인공두뇌학Cybernetics』의 '인공두뇌학, 제2의 산업혁명'에서 "평범하거나 혹은 조금 못한 학력을 갖춘 보통 사람은 다른 사람에게 돈을 주고 팔 만한 것이 아무것도 없는"[18] 사회로 다가가고 있다고 경고했다. 많은 일자리가 사실상 자동화에 자리를 내주고 실업률이 경기순환에 따라 오르내리고 있지만, 이처럼 많은 저자가 예상한 극단적인 대량 실업이라는 사회적 위기는 오지 않고 있다.

물론 이것은 지극히 학술적인 수준에서나 가능한 논의다. 왜냐하면 새로운 일을 찾건 그렇지 못하건 상관없이 결국 일자리를 잃은 노동자들이 겪는 고통이나 혼란을 무시하는 것이 되기 때문이다. 아마 일부의 주류 학자들조차도 이번에는 정말로 다를 것이라고 짐작한다. 노벨상 수상자이자《뉴욕타임스》칼럼니스트인 폴 크루그먼이 의구심을 드러내는 가장 저명한 인사일 것이다.[19] 그러나 전통적인 분석이 갖는 더 심각한 문제는 사회적, 정치적 선택일 때조차도 그 과정에 과학적 필연성을 부여한다는 것이다.

오늘날 대부분의 노동자 투쟁은 임금과 수당을 올리거나 노동 조건 개선에 집중한다. 그러나 1930년대 대공황 시절까지만 하더라도, 사회주의자들과 노동운동가들은 노동일을 점진적으로 단축하기 위해서도 싸웠고 또 승리했다. 하루 10시간 노동을 쟁취하기 위한 운동은 19세기에 8시간 노동을 쟁취하기 위한 운동으로 바뀌었다. 1930년대만 하더라도 미국노동총동맹The American Federation of Labor은 주 노동시간을 30시간대로 줄이기 위한 법안을 지지했다. 그러나 제2차 세계대전 후 다양한 이유로 노동시간 단축은 노동 의제에서 점차 사라졌다. 주 40시간(혹은 그 이상)을 당연하게 여겼고, 얼마나 그에 대한 보상이 잘 이루어질 것인가 하는 점만이 문제가 되었다.

우리가 사는 시대에는 일주일에 15시간만 일할 것이라고 1930년대에 예상했던 존 메이너드 케인스가 이것을 보았다면 깜짝 놀랐을 것이다. 15시간이라면 지금도 여전히 표준 노동시간이 되는 40시간의 3분의 1에 가까운 것이다. 케인스 시대 이후 노동생산성은 3배 이상으로 증가하였으므로, 노동생산성 증가분을 대중이 자유 시간의 형태로 누리는 것이 가능했을지도 모른다. 그런데 그런 일은 일어나지 않았다. 이렇게 된 것은 기술적으로 불가능해서가 아니라, 20세기의 정치적 선택과 사회적 투쟁의 결과다.

어떤 사람들은 케인스가 결코 상상하지 못했던 스마트폰, 평면 텔레비전, 인터넷 같은 현대 삶에서 누리는 모든 사치가 가능하기 때문에, 장시간 노동은 그만한 값어치가 있다고 주장할 것이다. 왜냐하면 대부분의 사람이 더 적은 시간을 일하려면 자신들이 즐기는 스마트폰이나 텔레비전과 같은 선진 자본주의 사회의 사치들을 포기해야 하는 것으로 생각하기 때문이다.

그 주장은 우리가 이야기하는 노동 단축의 정도에 따라 어느 정도는 맞는 이야기일 수도 있다. 그러나 노동시간 단축은 생활비용도 줄일 수 있다. 왜냐하면 노동시간이 줄어들면 다른 사람에게 돈을 주고 시킬 일들을, 우리가 직접 할 시간이 생기기 때문이다. 또한 일하기 위해서 들이는 교통비 같은 것도 감소한다. 뿐만 아니라 지금의 사회는 인간 번영에는 아무런 보탬이 되지 않으면서 오로지 다른 사람의 최종 부만 증대시키는 일들로 가득 차 있다. (만약 무상교육이라면 존재하지 않아도 될) 학자금 대출 회수, 그리고 위험하고 불안정한 투기를 조장하는 데서 누리는 거대 은행의 지위들이 그런 것이다.

어떤 경우든 노동 단축을 사회적 우선순위로 정할 의지가 있었다면, 우리는 동일한 삶의 수준을 누리면서도 점점 적게 일할 수 있도록, 생산성 증가에 맞추어 노동시간을 점차 단축할 수 있었을 것이다. 많은 사람이 많은 것을 축적하기 위하여 계속해서 더 일하는 것을 선호하였을지 모르나, 아마도 수많은 다른 사람은 그렇지 않았을 것이다. 설사 우리가 순수한 의미의 탈노동 유토피아에 도달하는 것은 결코 불가능할지라도, 좀 더 거기에 다가갈 수 있다는 것은 확실하다. 40시간에서 30시간으로의 노동시간 단축은 우리를 그 방향으로 데려갈 것이다. 일을 했는지 여부나 전통적인 복지계획에 따라붙는 다른 어떤 꼬리표와도 상관없이 모든 시민에게 최소한의 급여를 보장하는 보편적 기본소득 같은 것도 마찬가지다.

신기술로 관심을 딴 곳으로 돌리기

심지어 자동화로 인해 제기되는 정치적 문제들과 가능성들이 장기적으로는 사실일지라도 더 중요한 단기 과제들에 직면해 있다는 주장은 타당할 수 있다. 앞서 지적한 대로 경제를 운용하는 데 실제로 필요한 노동자 수가 얼마나 될지 보여주는 지표로서 생산성 향상은 사실 최근 매우 미미했다. 더욱이 최근 경기침체 이후 고용 증대가 일어나지 않는 것은 로봇보다는 정부 정책 실패에 책임을 묻는 것이 이치에 맞을 수 있다.

왜냐하면 단기에 일자리가 부족한 원인은 자동화에 있기보다는 경제학자들의 표현으로 총수요라 알려진 것의 부족에 있을 수 있기 때문이다. 달리 말하면, 고용주들이 노동자들을 더 고용하지 않는 이유는 그들이 만든 상품을 사는 사람이 충분하지 않기 때문이며, 사람들이 상품을 사지 않는 이유는 일자리가 없거나 혹은 임금이 너무 낮아 돈이 충분하지 않기 때문이다.

전통적인 케인스주의 경제 이론에 따르면, 총수요 부족에 대한 해결책은 정부가 통화정책(이자율을 낮추는), 재정정책(예를 들면 사회간접자본 건설과 같은 방식을 통해서 일자리 창출을 위한 정부 투자), 그리고 규제(최저임금 인상 같은) 등의 정책 결합을 통해 수요를 끌어올리는 것이다. 대공황 후 각국 정부는 이자율을 낮추기는 했지만, 일자리 창출을 위해 투자를 충분히 하는 정책을 결합하여 시행하지 않은 결과, 산출량(생산된 재화와 서비스의 양을 말한다)은 천천히 다시 오르기 시작했지만, 고용은 공황 이전 수준으로 회복하지 않는 '고용 없는 회복'을 가져왔다.

이 문제에 관한 한 나는 전통적인 케인스주의자들의 처방이 중요하고 필수적이라는 것에 이견이 없다. 그리고 어떤 경우에는 대량 실업과 불완전 고용이 불가피한 것처럼 보이게 하기 위하여, 실업자들의 단기적 문제들로부터 관심을 돌리기 위한 목적으로, 정치적으로 중도파와 우파에 의해 로봇의 미래라는 유령을 이용하고 있다는 우려에 동의한다.

그러나 나는 여전히 더욱 고도로 자동화된 미래가 우리 모두에게 무슨 의미인지에 대해 이야기할 필요가 있다고 생각한다. 그것은 비관주의자들과는 반대로, 부분적으로는 노동력을 더욱 절감하는 기술의 가능성—물론 생산성 통계에 반영되는 방식으로 경제 안으로 들어갈 방법을 아직 찾지는 못하고 있지만—이 급속히 열리는 중이라고 생각하기 때문이다. 또한 그것은 긴축론과 불충분한 정부의 경기부양책이라는 단기 장애물을 극복한다 하더라도, 우리가 산업혁명 이래로 줄곧 부딪쳐왔던 정치적 문제—새로운 생산기술은 모두를 위해 더 많은 여가를 가져다줄 것인가, 아니면 나머지 대다수 사람은 어느 때보다도 많은 일을 하면서 생산성 향상의 이득이 오로지 소수에게만 돌아가는 순환에 갇힌 채로 남게 될 것인가?—와 여전히 마주하고 있기 때문이다.

기후 위기라는 유령

지금까지는 이 책의 첫 부분에 언급한 도전들 중 하나였던, 노동자들을 대체하는 기술이 야기하는 위험에 대해서만 논의해왔다. 그런데 두 번째 문제인 생태적인 위기는 적어도 자본주의의 미래 그리고 인류의 미래를 좌우할 만큼 중요하다. 기후변화에 대한 과학적 공감대는 분명하다. 이산화탄소 방출은 대기를 데워 기온 상승, 극단적인 기후변화 그리고 물과 필수적인 자원을 부족하게 한다. 이를 둘러싼 견해의 차이는 주로 그 결과가 얼마나 심각할 것인가, 인간 문명을 얼마나 파멸시킬 것인가, 그러한 파멸에 적응하는 것이 어떻게 가능할 것인가(혹은 가능할 수 있을지 여부)다.

많은 독자는 이 설명으로는 논쟁 범위의 끝까지 세세하게 다루지 못한다고 생각할 것이다. 왜냐하면 인간에 의한 기후변화 존재를 원천적으로 부정하는 사람들도 있기 때문이다. 이런 부류의 사람들은 분명히 존재하며, 자금줄인 기업의 이해를 대변하는 사람들로서 주요 정당에 저명한 옹호자들을 거느리고 있다. 그러나 이런 사람들을 진지한 과학적 논쟁의 동료로 받아들이는 것은 잘못이다. 부정론을 옹호하는 저술가들이나 과학자의 극히 일부의 주장에서 솔직함을 찾을 수도 있다. 그러나 그들에게 자금을 공급하는 사람들은 냉소를 보내는 사람으로 간주되어야 마땅하다. 그리고 이들의 행위는 다른 의제를 제기한다.

뒤에서 보겠지만, 기후변화를 둘러싼 핵심 질문은 기후변화가 일어나고 있는가의 문제가 아니라, 누가 기후변화에도 살아남을 것이냐의 문제다. 최악의 시나리오에서도 과학자들은 지구 전체가 인간이 살 수 없는 곳이 된다고 주장하지는 않는다. 앞으로 일어날—현재에도 일어나고 있는—일은 거주지가 파괴되면서 공간과 자원을 둘러싼 투쟁이 더욱 격렬해질 것이라는 점이다. 이런 맥락에서 그리고 특히 앞서 논의했던 기술적 추세와 결합하면서, 소수의 엘리트가 지구에 사는 사람 대부분을 고통에 빠뜨리는 반면 자신들은 안락하게 지내면서, 지구를 계속해서 오염시키는 것이 가능할지도 모른다. 거대 기업들이 기후변화의 존재 자체를 부정하게 만드는 것은, 기후과학에 대한 진지한 참여가 아니라 바로 이 문제 때문이다.

모든 자본주의자가 기후변화를 부정하는 입장을 고집하지는 않는다. 어떤 사람들은 기후변화의 정도를 인식하고 있음에도 불구하고 해결책을 내놓는 데 있어서 자유시장의 작동을 신뢰할 수 있다고 고집한다. 그러나 이것은 완전히 터무니없는 것은 아니지만, 사실을 지나치게 호도하는 것이다. 깨인 생태자본주의자는 사실 고루한 생각에 머물러 기후변화를 부정하는 사람들과 별로 다르지 않다는 것이 밝혀졌다.

기업가들은 정부의 개입 없이 화석연료 의존으로부터 벗어날 새로운 녹색기술을 발견할 것이라는 확신에 찬 주장을 많이 해왔다. 그러나 이런 혁신은 많은 경우 부자들이나 이용할 수 있는 첨단의 녹색 해결책들이다. 반면에 세계적으로 적용 가능한 해법은 거부된다. 심지어 탄소세 같은 경우에서조차 그들은 '시장' 해법들을 고집한다. 불확실한 효능과 알려지지 않은 부작용에도 불구하고, 기후를 기술적으로 조작하려 시도하는 '지구공학geoengineering'이라는 환상적 계획이 생태자본주의자들을 고무시킨다. 코크 형제를 비롯한 기후변화 부정론자들과 마찬가지로 이 문제에 대해서는 더 그럴듯한 환경주의자인 척하지만, 생태자본주의자들은 엘리트들의 특권과 생활 방식을 유지하는 데 우선적인 관심이 있다. 우리는 4장에서 이 모든 것들을 다룰 것이다.

이제 이 책을 쓰는 특별한 의도에 대해 말할 차례다.

지배 정치

독자들은 자동화와 탈노동의 미래에 대해서 또 하나의 책을 쓰는 것이 과연 필요한 일인지 물을지도 모른다. 이 주제는 최근에 완전히 하위 장르가 되었다. 브린욜프슨과 맥아피 같은 사람들은 그저 하나의 예일 뿐이다. 그 외에도 포드의 『로봇의 부상』과 《아틀란틱Atlantic》의 데릭 톰슨, 《슬레이트Slate》의 파하드 만주, 그리고 《마더 존스》의 케빈 드럼의 글들이 있다.[20] 이들은 모두 기술이 일을 급속도로 쓸모없게 만들고 있다고 주장한다.

그러면서도 이들은 기술이 불평등을 심화하기보다는 공동의 번영으로 이어진다는 답에 매달려보지만 허사일 뿐이다. 기껏해야 브린욜프슨과 맥아피처럼 이들도 현재 우리가 하는 일 모두가 자동화되어 사라질지라도 기업가 정신과 교육이 우리 모두를 살아남게 할 것이라는 익숙한 상투어에 기댄다.

이들의 모든 설명에서 빠진 하나로서 내가 이 논쟁에 끌어오고 싶은 것은 바로 정치politics, 특별히 계급투쟁이다. 루스벨트 연구소의 마이크 콘잘이 지적해왔듯이, 탈노동의 미래에 대한 이들의 예측은 모호한 테크노크라트 유토피아주의—이는 "과거 케인스 포디즘의 미래 투사"인데, 거기에서는 "번영이 분배로, 그리고 다시 여가와 공공재로 이어진다"—로 흐르는 경향이 있다.[21] 그러므로 곳곳에서 순조롭게 이행되지 않더라도, 우리는 기술개발에 더욱 박차를 가하는데 만족해야 하며, 상상할 수 있는 세상 중 최고인 이 세상에서 모든 것은 최선의 모습으로 나타날 것이라며 우리 자신을 안심시켜야 한다.

이 관점은 우리가 현재 사는 사회의 핵심을 이루는 명백한 특징들인 자본가 계급과 자산 관계를 간과한다. 누가 자동화로 이익을 얻으며, 누가 손해를 볼 것인가 하는 문제는 궁극적으로 로봇 자신들이 아니라 그들을 소유하는 사람들이 얻는 결과다. 따라서 생태적 위기와 자동화 발전을 매개하는 자본주의 위기라는 제3의 위기를 이해하지 않고는 양자의 전개를 이해하는 것은 불가능하다. 왜냐하면 기후변화도 자동화도 그 자체를 문제로(혹은 해결책으로) 받아들일 수 없기 때문이다. 오히려 극히 위험한 것은 이 두 위기가 돈과 권력이 소수의 엘리트 손에 쥐어진 임의의 경제 내에서, 이윤 극대화와 성장을 위해 바쳐지는 것으로 자신을 드러내는 방식이다.

세계적으로 증가하는 부와 소득 불균형에 활동가와 정치인, 그리고 전문가들의 관심이 집중되고 있다. 월가를 점령하라는 "우리는 99%다."라는 슬로건을 통해, 지난 수십 년 동안 경제성장으로 인한 이득이 1% 혹은 그보다도 적은 수의 사람들에게만 돌아가고 있다는 사실을 주목하게 함으로써 심금을 울렸다. 경제학자 토마 피케티는 부의 역사와 점점 불평등해지는 세계의 전망에 관한 방대한 논문인 『21세기 자본』으로 불가능할 것 같은 베스트셀러 기록을 만들어 냈다.[22]

내가 앞서 설명한 두 위기 역시 근본적으로 불평등에 관한 것이다. 그것들은 결핍과 풍요의 분배에 관한 것이며, 생태적 피해에 따른 비용을 누가 치르고 고도로 생산적이고 자동화된 경제 이익을 누가 향유할 것인가에 관한 문제다.

지구의 기후에 미치는 인류의 영향에 대처할 길이 있으며, 자동화가 대다수에게 빈곤과 절망을 가져다주는 대신 모두를 위한 물질적 번영을 가져다주도록 보장할 길이 있다. 그러나 그처럼 가능한 미래는 지난 20세기에 전 세계를 지배했던 것과는 매우 다른 경제 시스템을 필요로 할 것이다.

네 가지 미래

영화들 속에 묘사된 로스앤젤레스를 3시간에 걸쳐 고찰한 〈로스앤젤레스 자화상Los Angeles Plays Itself〉에서, 영화학자 톰 앤더슨은 "드라마적 우수함 때문에 다큐멘터리의 진가를 알 수 있다면, 아마도 다큐멘터리적 고발성 때문에 극영화의 진가를 알 수 있을 것이다."라고 말한다.[23] 이 책은 바로 그 통찰을 구체화하려 한다.

이 책은 통상적인 논픽션 작품이 아니나, 그렇다고 픽션도 아니다. 게다가 나는 이것을 '미래주의'라는 장르에 넣지도 않을 것이다. 대신에 미래의 정치적 갈등이 발생시킬 가능성의 공간을 탐구하기 위하여, 사회과학이라는 도구를 사변소설speculative fiction이라는 도구와 결합해 사용하려는 하나의 시도다. 이것을 일종의 '사회과학 픽션'이라 부르자.

사회과학 픽션이 SFscience fiction와 다른 점은 후자가 있게 될지도 모를 세계를 추측하는 것인 반면, 전자는 현존하는 세계로 직접 묘사한다는 점이다. 그러나 실제로 양자는 각기 다른 방식으로 상상과 경험적 탐구를 하나로 모아낸 혼합물이다. 양자 모두 실증적 사실과 살아있는 경험을 추상적으로 형상화하여—그러나 직접 지각할 수는 없는—구조적 힘으로 이해하려 시도한다. 특정 종류의 사변소설은 다른 것들에 비해 사회구조와 정치경제의 독특한 요소들과 매끄럽게 조화를 이룬다. 영화 〈스타워즈〉에서 우리는 은하계 정치경제의 세부사항에 개의치 않는다. 그리고 조지 루카스가 널리 비웃음을 샀던 스타워즈 속편에서처럼 작가가 살을 붙이려 할 때 이야기를 망쳐 놓기만 한다. 다른 한편 〈스타트렉〉과 같은 세계에서는 세부사항이 문제가 된다. 〈스타워즈〉와 〈스타트렉〉이 얼핏 보면 유사한 우주여행과 허세부리기 이야기처럼 보일지 모르나, 근본적으로 다른 유형의 픽션이다. 후자는 등장인물들이 풍부하고 논리적으로 구조화된 사회적 세계에 뿌리박기를 바라는 반면, 전자는 그 등장인물들과 신화적인 이야기로 존재한다.

이것은 SF 팬들 사이에서 관례로 만들어진 '하드' SF와 '소프트' SF 사이의 구별과 관련이 있지만, 그것을 넘어선다. 전자는 현재의 과학에 기초를 둠으로써 더욱 그럴싸해야 한다. 그러나 이러한 구별은 그 장르의 전통적 팬층의 편향, 그리고 자연과학에 대한 열광적 숭배를 반영한다. 바로 앞에서 언급한 것처럼, 더 중요한 구별은 정말로 자신들의 세계를 진지하게 구축하는 스토리인가 그렇지 않은가 하는 것에 있다. 소프트 SF로 불리는 것들은 스타워즈 스타일의 모험 이야기지만, 가끔은 사회과학을 훨씬 풍부하게 사용하기도 한다.

반면에 이른바 '더 하드한' 쪽의 상당수에서는 물리학의 상세한 주석이 사회관계 및 인간 행동에 대해 순진하거나 혹은 완전히 관습적인 이해와 짝을 이룬다. 켄 맥레오드의 가을 혁명 소설들—이것은 정치적 격변과 우주 식민지 이야기다—은 마르크스주의 정치경제학에 대한 그의 해석과 1970년대 스코틀랜드 사회주의 운동을 경험한 개인사적 배경에 뿌리를 두고 있다. 이 소설들을 탄탄하게 하는 것은 우주여행 혹은 화성을 지구인이 살 수 있도록 변화시키는 물리학에 대한 독특한 통찰이라기보다는 그 기초다.

사회분석과 비평으로서 사변소설은—메리 셸리의 『프랑켄슈타인』까지는 아니라 하더라도—적어도 H. G. 웰스의 『타임머신』까지 거슬러 올라간다. 그런데 이 분야는 최근에 특히 풍요롭다. 심지어 대중문화에서 『헝거게임』과 『다이버

전트』 같은 디스토피아적인 청소년 소설의 엄청난 성공에 서도 볼 수 있다. 그러나 그 이야기들은 우리가 이미 살고 있는 계급사회에 대해 매우 투명하게 풍자한다. 반면에 현재 의 추세들이 갖는 장기적 함의에 관해 깊이 사색하면서 그 경계를 더 멀리 확장해온 다른 이들도 쉽게 찾을 수 있다.

실제적인 것과 일어날 수 있는 것 사이의 접점은 현재 보다 딱 몇 발짝 앞서 나간 시점을 소설의 배경으로 삼 는 근미래 소설near-future fiction에서 가장 강력하게 나타난 다. 21세기 초에 연속해서 내놓은 소설(『패턴 레콕니션Pattern Recognition』, 『스푸크 컨츄리Spook Country』, 『제로 히스토리Zero History』)의 윌리엄 깁슨이나 『홈랜드』, 『워크어웨이Walkaway』 의 코리 닥터로우가 그러한 작가다. 정보기술, 자동화, 감시, 생태계 파괴―이 책 전반에 걸쳐 다룰 주제들―의 중요성 이 이런 소설에서 다시 제기된다.

서로 다른 상상의 세계들이 갖는 정치적 함의는 이미 주 목받기 시작했다. 찰스 스트로스는 사회과학 픽션 작가이자 좀 더 사회과학적인 분위기의 글을 자주 쓰는 블로거다. 그 는 특히 대중적인 하위 장르인 스팀펑크*를 비판해왔다. 그 는 이 장르가 체펠린과 증기기관으로 가득 차 있는 이상화 된 19세기를 표현하지만 그 시대의 핵심적 사회관계―디킨스 소설에 나오는 것과 같은 노동계급의 비참함과 식민주의의 공포—를 그럴듯한 말로 얼버무린다고 쓴다. 그러나 스트로스와 더불어 맥레오드, 차이나 미에빌 같은 사람들은 계급과 사회갈등에 대해 더 완전한 모습을 보여주려고 미래, 과거, 그리고 대안적인 세계에 관한 픽션을 이용해왔다.

나는 미래에 대한 허상이 미래를 직접 예견하는 미래주의 작품들—고유한 불확실성과 우연성을 모호하게 하며, 그럼으로써 독자를 바보로 만드는—보다 낫다고 생각한다. 이 책의 검토 범위에서 보면 전형적인 미래학자는 레이 커즈와일 같은 사람이다. 그는 컴퓨터가 어떻게 세상을 바꾸는지 모든 결과를 제시하면서 2049년까지 인간과 같은 지능을 갖게 된다고 확신 있게 예견한다.[24]

미래를 예측하는 일은 일반적으로 예언으로는 비현실적이고 허구로는 불만족스러운 결과로 끝난다. SF와 미래주의의 관계는 사회 이론과 음모론의 관계와 같은데, 전체적으로 전자는 더 풍부하고, 더 솔직하고, 더 조그마한 하나의 프로젝트다. 다른 말로 하면 특수로부터 보편(사회 이론) 혹

---

*증기기관을 주로 사용했던 유럽의 산업혁명 시대를 배경으로 한 SF 장르를 일컫는 말로써, 전자기계를 많이 사용하는 사이버펑크와는 달리 증기기관 같은 고전적인 기계 장치를 이용한다. (옮긴이 주)

은 보편으로부터 특수(SF)를 도출해내는 것이, 보편으로부터 보편으로(미래주의) 혹은 특수로부터 특수(음모론)로 가려고 시도하는 것보다 항상 더 흥미롭다.

20세기 초 위대한 사회주의 이론가이자 조직가였던 로자 룩셈부르크는 "부르주아 사회는 사회주의로 이행이냐 야만으로 퇴행이냐 하는 갈림길에 서 있다"는 슬로건을 유행시켰다.[25] 이 이야기는 그 어느 때보다 오늘날에 유효하다. 이 책에서 나는 두 가지가 아니라 네 가지 가능한 결과—두 개의 사회주의와 두 개의 야만주의—를 제시할 것이다. 이어지는 네 개의 장에서 서술할 내용은 사회학자 막스 베버가 '이념형들'이라 부른 것으로 간주할 수 있다.

그 네 가지는 오늘날 우리가 직면하고 또 미래에도 직면할 몇 가지 핵심적 이슈를 조명할 목적으로 설계한, 조직화된 사회의 모습을 극도로 단순화한 순수 모형으로, 부분적으로 사회과학 픽션이면서 부분적으로는 SF다. 물론 현실은 훨씬 복잡하지만, 이념형이 갖는 중요성은 다른 점들을 제쳐두고 특정 이슈들에 초점을 맞춘다는 점이다.

이렇게 하는 목적은 우리의 현재 순간을 이해하도록 하고, 앞에 놓인 가능한 미래를 정형화된 형태로 보여주는 것이다. 경제의 모든 영역에서 자동화의 증가는 지속될 것이라는 점이 기본적인 가정이다. 그리고 나는 20세기 대부분의 경제학자가 했던 가정, 즉 기계화로 어떤 일자리가 없어지더라도 시장이 자동으로 그 감소를 보상할 새로운 일자리를 더욱 충분하게 만들어낼 것이라는 가정은 하지 않을 것이다.

이념형에서 작동하는 방식으로, 나는 가능한 가장 선명한 가설을 세울 것이다. 예컨대 생산과정에서 인간 노동의 필요는 제거될 수 있는데, 기계가 모든 일을 하는 동안 순수한 레저 생활을 즐기는 것이 가능하다. 영화 〈매트릭스〉에서와 같이 기계가 우리를 통제하는 대신 인간을 위해 봉사하는 세계를 상상할 경우, 이러한 일은 논리적으로 불가능하다. 우리는 적어도 기계를 다루고 유지하기 위한 약간의 일을 해야 할 것이다.

그러나 나는 나 자신이 산업혁명 이래로 좌파를 괴롭혀왔던 논쟁—생산수단을 통제하는 자본가 보스 없이 어떻게 탈자본주의 사회가 노동과 생산을 관리할 수 있는가 하는—으로 끌려 들어가지 않기 위해 인간 노동이 전혀 없는 것으로 가정할 것이다. 이 논쟁은 중요하지만(그리고 현재 진행형이다), 이 문제를 한쪽으로 제칠 수 있다면 내가 부각하려는 주제들이 더 선명해질 것이다. 그러므로 내 방정식에서 상수는 기술변화가 완전 자동화를 향해 나간다는 것이다.

만일 자동화가 상수라면 생태 위기와 계급 권력은 변수가 된다. 생태적 문제는 대략 기후변화와 자원 고갈의 영향이 어느 정도로 심각하게 나타날 것인가 하는 점이다. 가장 최선의 시나리오에서는 재생가능 에너지로의 전환이 기후변화를 개선하고 반전시키는 새로운 수단과 결합할 것이다. 그리고 모두를 위하여 높은 삶의 질을 제공하는 데 모든 로봇 기술을 사용하는 것이 실제로 가능할 것이다. 다른 말로 하면 범위는 결핍에서 풍요까지 펼쳐진다.

계급 권력의 문제는 오늘날 세상의 부와 소득, 그리고 정치적 힘의 엄청난 불균형을 궁극적으로 어떻게 해결하는가 하는 점으로 압축된다. 자신들의 권력을 유지할 수 있는 한, 부자들은 자동화된 생산의 이익을 누리고 나머지 사람들은—어쨌든 생존할 수 있다면—생태적 파괴 비용을 지불하는 세상에서 살 것이다. 평등한 세계로 얼마나 더 나아갈 수 있느냐의 정도에 따라, 얼마만큼의 희생과 번영을 공유하느냐에 따라 미래가 달라질 것이다. 그것은 생태 차원에서 우리가 어디에 위치하느냐에 달려있다.

그러므로 모형은 우리가 궁극적으로 풍요롭거나 결핍된 세상에서, 그리고 동시에 평등하거나 위계화된 세상에 사는 것을 상정한다. 이것은 네 개의 조합을 만들어 내는데, 2×2 격자로 나타낼 수 있다.

	풍요	결핍
평등	공산주의	사회주의
불평등	지대주의	절멸주의

이와 같은 시도는 전례가 없지 않다. 유사한 유형 분류는《퓨처리스트》에 실렸던 로버트 코스탄자의 1999년 글에서 볼 수 있다.[26] 여기에는 네 가지 시나리오가 등장하는데, 스타트렉, 거대 정부, 에코토피아(생태 유토피아), 매드 맥스 등이다. 그러나 코스탄자의 경우 두 개의 축은 '세계관과 정책' 그리고 '세계의 실제 상태'다. 따라서 표의 네 칸은 인간의 이데올로기적 선호가 현실과 일치하느냐에 따라 다르게 채워진다. 예컨대 '거대 정부' 시나리오에서 진보는 '기술적 회의론자'들이 무한한 자원의 실재를 부정하기 때문에 안전 기준에 의해 제한된다.

이 논쟁에서 나는 자본주의와 정치의 중요성을 강조할 것이다. 이러한 관점에서 보면 생태적 한계의 존재 가능성과 계급사회의 정치적 제약은 모두 '물질적'인 제약들이다. 그리고 우리의 향후 진로를 결정하는 것은 이들 간의 상호작용이다.

따라서 미래의 상황이 어떻든 자신을 유지하려는 통치 엘리트가 있는 계급 권력의 체계로서 자본주의의 존재는 이 책의 중심 구조를 이루는 주제인데, 나는 고도로 자동화된 탈산업 경제의 궤적을 이해하려는 대부분의 다른 시도에서는 이것이 빠져있다고 생각한다. 기술 발전은 사회 전환의 배경을 제공하지만, 전자가 후자를 직접 결정하는 경우는 없다. 변화는 항상 조직화된 사회 대중 사이의 권력투쟁에 의해서 매개된다. 문제는 누가 이기고 누가 지는가에 달려있지, 코스탄자와 같은 테크노크라트 작가가 가지려 했던 것처럼 세계의 객관적 본질에 관한 "올바른" 관점을 누가 가지는가에 달려있는 것이 아니다.

따라서 내가 다수의 세계를 그려내는 것은 정치적인 것과 불확정적인 것에 대해 여지를 남기려는 시도다. 나의 의도는 외부로부터 생겨나는 기술적 생태적 요인들의 신비한 작동을 거쳐 하나의 미래가 자동으로 나타날 것이라는 점을 주장하는 것이 아니다. 오히려 우리가 궁극적으로 도달하게 되는 곳은 정치투쟁의 결과라는 점을 주장하려는 것이다. SF와 정치 사이의 상호작용은 오늘날 종종 자유주의자 우파와 그것의 결정론적 기술 유토피아 판타지와 관련된다. 나는 상상적 추측을 정치경제학과 섞어 결합하는 오랜 좌파적 전통의 복원을 꿈꾼다.

전체 분석의 출발점은 자본주의는 종말을 고할 것이며, 따라서 이는 로자 룩셈부르크가 말한 대로 "사회주의로 이행 혹은 야만으로 퇴행"이라는 것이다.[27] 이러한 사고 실험은 만일 소생하는 좌파가 성공할 경우 우리가 도달할지도 모르는 사회주의와, 우리가 실패할 경우 처하게 될지도 모르는 야만의 뜻을 이해하기 위한 시도다.

그렇다고 자본주의에 확실한 멸망 일자를 부여하는 세속적인 종말론—실은 너무 많은 사회주의자와 종말론 전도사들이 이러한 잘못을 범했다—으로 나간다는 뜻은 아니다. 어떤 경우든 불연속적인 종말을 생각하는 것은 너무 단순화한 것이다. 자본주의와 사회주의같이 사회 시스템에 붙이는 표식은 추상화된 것들이라서, 어떤 것에서 다른 것으로 바뀌었다고 단정적으로 말할 수 있는 하나의 순간은 결코 존재할 수 없다. 나의 견해는 사회학자 볼프강 스트릭의 생각과 가깝다.

> 내가 자본주의의 종말—내 생각에는 이미 진행 중인 종말—에 대해 갖는 이미지는 그 자체로, 그리고 실행 가능한 대안의 부재와 무관하게, 만성적으로 파손된

상태의 사회 시스템 중 하나다. 언제 그리고 어떻게 정확히 자본주의가 사라질 것인가 그리고 무엇이 그 뒤를 이을 것인가 하는 점을 알지는 못하지만, 중요한 것은 경제성장, 사회 평등, 그리고 금융 안정성에서의 악화 경향을 되돌리고 이것들 간의 상호 강화작용을 중단시킬 것으로 기대되는 어떤 힘도 손안에 쥐고 있지 못하다는 점이다.[28]

이어지는 네 개의 장은 네 가지 미래—공산주의, 지대주의, 사회주의 그리고 절멸주의—에 할애할 것이다. 하나의 그럴듯한 미래를 그려내는 것에 더해, 각각의 장들은 우리가 현재 살고 있는 세계에 유의미하고, 특정한 미래에 특별히 중요성이 있을 것으로 짐작되는 하나의 핵심적 주제를 강조할 것이다.

공산주의에 관한 장은 임금노동(이후 임노동)을 삶의 중심으로 두지 않을 때 우리가 의미를 어떻게 구성하는지, 그리고 더 이상 자본주의의 거대서사에 의해 형성되지 않는 세계에서 어떤 종류의 위계와 갈등이 일어나는지를 자세히 설명한다. 지대주의 서술은 주로 지적재산권과 사유재산 형식이 우리의 문화와 경제를 이끌어온 무형의 양식과 개념에 점점 많이 적용될 때 어떤 일이 발생하는가에 대한 숙고다.

사회주의에 관한 이야기는 기후 위기와 그에 적응해야 할 필요에 관한 이야기기도 하지만, 자연Nature과 시장Market에 관한 일부 구식 좌파의 케케묵은 생각이, 우리가 자본주의를 넘어 생태적으로 안정된 세계를 건설하려고 노력하는 데 있어 자연 세계에 대한 맹목적 숭배나 시장에 대한 증오가 꼭 필요하지 않을 뿐 아니라 심지어 적절하지도 않다는 사실을 보지 못하도록 어떻게 가로막고 있는지에 관한 이야기기도 하다.

마지막으로, 절멸주의에 관한 논의는 세계의 군사화, 즉 중동의 끝날 줄 모르는 전쟁에서부터 미국 도시의 거리에서 경찰에 의해 사살되는 흑인 십 대들에 관한 모든 것을 포함하는 현상에 대한 이야기다.

20세기에 산업자본주의를 이해하면서 우리는 이미 그로부터 급속히 멀어지고 있다. 그리고 우리가 그 방향으로 회귀할 가능성은 거의 없다. 우리는 불확실한 미래로 떠나가고 있다. 나는 그 미래에 대한 대강의 맥락을 제시하길 희망하지만, 어떤 확실성도 부여하고 싶지는 않다. 나는 "실제로 일어나는 것보다 엄청나게 더 많은 일이 일어날 수 있었기 때문에, 일어날 것 같은 일보다는 일어날 수 있는 일들의 확률적 가능성을 탐구하는 데 더 관심"이 있다고 하는 SF 작가이면서 동시에 "미래학자"라는 꼬리표로 통하기도 하는 데이비드 브린을 따라갈 것이다.[29]

일어날 것 같은 것보다는 확률적 가능성을 평가하는 것이 중요한 이유는, 확신에 찬 예언을 하는 것이 단지 수동성을 고무하는 반면, 이것은 그 중심에 우리의 집합행동을 부여하기 때문이다. 같은 글에서, 브린은 묘사한 시나리오가 실현되지 않도록 막는 역할을 하는 하나의 "자기금지적인 예언"으로 조지 오웰의 『1984』를 끌어온다. 테러와의 전쟁과 전 NSA(미국국가안보국) 분석가 에드워드 스노든이 미국국가안보국의 감시에 관한 자료를 공개한 이후, 그러한 특별한 예언이 얼마나 자기금지적인지 의문을 제기할 수 있지만, 일반적인 논점은 여전히 성립한다.

만일 이 책이 서술된 억압적 미래를 자기금지적으로 만드는 데 기여한다면, 그리고 억압적 미래보다 평등주의적 대안을 자기실현적으로 만드는 데 조금이라도 기여한다면, 그 목적을 달성하는 것이다.

| 1 |

평등하고 풍요로운 사회

공산주의

커트 보니것의 첫 번째 소설, 『자동 피아노Player Piano』는 표면적으로는 탈노동 유토피아처럼 보이는 사회를 묘사하는데, 그곳에서 기계는 고역으로부터 인간을 해방시킨다. 그러나 보니것에게 이곳은 결코 유토피아가 아니다. 그는 생산의 대부분이 소수 기술 관료 엘리트의 감독하에서 기계에 의해 수행되는 미래를 그린다. 나머지 다른 사람들은 경제적 관점에서 보면 근본적으로 불필요하지만, 사회는 그들 모두에게 풍족한 삶을 제공할 만큼 풍요롭다.

보니것은 이 상태를 어느 순간에 닥치는 '노망second childhood'이라 부르는데 그는 이것을 성취가 아니라 공포로 여긴다. 그와 그 소설의 주인공들에게는 자동화된 사회가 매우 위험한데, 이유는 그 사회가 삶으로부터 모든 의미와 존엄을 빼앗아 버리기 때문이다. 예를 들면 대부분의 사람이 생필품 생산에 직접 종사하지 않으면 그들은 불가피하게 무기력과 절망에 빠져든다고 그는 생각하는 것 같다.

1952년에 출간된 이 소설에는 연대를 추정하게 하는 특정한 모습이 있다. 하나는 이 시기가 대규모 공장과 조립라인에 기초하여 자본주의 사회와 공산주의 사회 양자 모두에서 매우 산업화된 시대였다는 점이다. 물론 많은 사람이 알아차리지는 못하지만, 오늘날의 경제도 과거와 같은 방식의 대량생산에 의존하는 게 분명하다. 그러나 보니것은 생산이 덜 효율적인 노동집약적인 형태로 복귀하지 않고도, 중앙 집중화가 덜 할―그리하여 한 명의 관리 엘리트에 덜 의존할―가능성을 고려하지 않았다. 바로 3D 프린팅과 PC(개인용 컴퓨터) 같은 기술이 그러한 예다.

'생산적'이고 임금을 받는 노동으로부터 사회적 의미가 나와야 한다는 인식은 가족을 부양하는 남성 가장이라는 가부장적 인식에 깊이 뿌리박은 것이다. 소설 전반에 걸쳐 사회적 특권으로 제공받은 일―일로 간주되고 임금으로 보수가 지불되는―과 사회를 재생산하고 삶의 조건을 획득하는 의미에서 물질적으로 필요한 일 사이에 지속적인 융합이 존재한다. 그리고 항상 여성의 일로 당연시하면서도 보수를 지불하지 않는 돌봄노동과 감정노동에 대해 보니것은 그것이 중요하거나 삶을 통해 의미의 원천이 되는지조차 관심을 두지 않는 것 같다.

『자동 피아노』의 주인공은 이런 시스템에 환멸을 느껴 비판자가 된 존경받는 공장 경영자 폴 프로테우스다. 소설의 뒷부분에서 그는 "남자들은, 천성적으로, 스스로 유용하다고 느낄 수 있는 기업에서 일하지 않는 한 외견상으로는 행복할 수 없다"는 이유로 자동화를 후퇴시켜야 한다는 요구를 담은 강령 초안 작성을 돕는다.[30] 그러나 소설 전반에 걸쳐 폴의 아내 아니타는 명백하게 유용한 어떤 것, 다시 말해 폴의 사회적 기량 부족을 보완하고 그의 자신감을 떠받쳐주는 일을 하느라 바쁘다.

폴이 새로운 업무를 분장하면서 상관이 보내는 신호를 제대로 해석해내지 못하자, 아니타는 여성들은 "남자들에게 없는 상황에 대한 통찰력을 지녔다"고 주장한다.[31] 남자들이 그러한 통찰력을 익힐 수 있다면, 자동화할 수 없는 유용한 노동력을 제공하는 법 또한 익힐 수 있을지 모른다. 그러나 그러한 기량은 보니것이 완전한 인간성 혹은 적어도 완전한 남성성과 관련짓는 생산적 노동의 개념에 들어가지는 않는다. 이것은 여기에서 어떤 일이 벌어지고 있는가에 관한 암시를 하나 하는데, 그것은 진작부터 보니것이 우리에게 이야기해왔던 것이다. 즉 남자들은 실제로 유용하게 '되기'를 원하지 않는다. 그들은 다만 자신들이 유용하다고 '느끼길' 바랄 뿐이다. 자동화 문제는 남성성의 위기로 모습을 드러낸다.

어쩌면 이것이야말로 보니것이 자동화에 가졌던 그토록 많은 우려가 우리에게 걱정거리로 남아 경제에 대한 태도는 물론 대중문화까지 옥죄는 것인지도 모른다. 심지어 자신의 직업이 매우 맘에 안 들 때조차 우리는 자기 정체성과 사회적 가치의 원천을 직업에서 찾으려는 경우가 많다. 많은 사람이 일을 넘어선 사회를 한낱 방탕이나 게으름 중 하나로밖에 상상하지 못한다. 예를 들어 2008년의 애니메이션 영화 〈월-E〉는 모든 인류가 황폐한 지구를 떠나 완전 자동화된 우주여행용 우주선에서 레저 생활을 즐기는 세계를 보여준다. 동정심이 많은 그 영화의 주인공은 지각을 갖춘 로봇으로 지구에 남아 쓰레기를 줍는, 다른 말로 하면 노동자다. 대조적으로 사람들은 우스꽝스럽게 뚱뚱하고 둔하다. 소비지상주의에 대한 패러디들이다.

하나의 유토피아로서 결핍에서 완전히 벗어난 세계totally postscarcity world를 상상하기 위해서는, 자신의 지불 노동에 의해 정의되지 않는 세계에서 삶의 의미와 목적의 원천을 상상해보는 것이 필요하다. 그러나 우선 그런 공산주의 사회가 위계 대 평등, 결핍 대 풍요의 축에 어떻게 위치하는지를 살펴보자.

필요의 영역과 자유의 영역

『공산당 선언』의 저자로 가장 잘 알려져 있지만, 마르크스는 공산주의 사회의 내용에 대해서는 별로 말하려 하지 않았다. 그는 가끔 노동자들이 현존하는 생산 기계를 장악하여 운영하는 이행기적인 사회주의 시기에 대해서 말했는데, 그가 계획한 궁극적인 정치적 목표는 아니다. 목표했던 것은 공산주의였는데, 노동과 여가를 초월한 어떤 것, 우리가 이해하는 수준의 일의 세계를 훨씬 넘어선 것이었다. 그러나 그는 공산주의 사회가 궁극적으로 어떤 모습일까에 대해 너무 많은 말을 하는 것은 '미래의 식당을 위한' 레시피처럼 바보 같은 연습이라 생각했다.[32] 마르크스는 역사가 탁상 위의 이론가들에서 의해서가 아니라 대중운동에 의해서 만들어진다고 믿었다.

그러나 마르크스가 일반적인 언어로 추측을 해본 대목들

이 있다. 『자본론』 3권에서 그는 '필요의 영역'과 '자유의 영역'을 구분한다. 필요의 영역에서 우리는 생산에 있어서 육체노동을 통해 "욕구를 충족하고, 삶의 유지와 재생산을 위해서 자연과 씨름"해야 한다.[33] 필요의 영역은 짐작건대 사회주의를 포함하여, "모든 사회 형태에서 그리고 모든 가능한 생산 양식하에서" 존재한다.[34] 사회주의를 자본주의와 구분하는 선은 생산이 자본가나 시장의 변덕으로 작동하기보다는, 이성적으로 계획되고 민주적으로 조직된다는 점에 있다. 그러나 마르크스에게 사회 발전의 이 단계는 "그 자체로서 목적인 인간 에너지의 새로운 국면이지만, 그 기초로서 필요 영역이 갖추어졌을 때 비로소 만개할 수 있는 진정한 자유의 영역"을 위한 전제조건일 뿐이다.[35]

이 짧은 구절이 중요한 이유는 이것이 탈자본주의 정책에 대하여 우리 중 많은 사람이 배워왔던 것과는 완전히 다른 접근법을 제시하기 때문이다. 강의실에서 마르크스를 알게 된 우리는 그가 노동을 숭배하였고 인간은 오직 노동을 통해서만 진정으로 자신을 규정하고 깨닫는다는 믿음을 가졌다고 배웠다. 급료의 대가로 다른 사람을 위해 일한다는 미시적 현상을 드러내기보다는 통상적으로 목적의식적 행동 일반의 가치를 언급한 것으로 보일지라도, 몇몇 군데에서는 그와 같은 말을 하는 것이 사실이다. 그러나 위의 구절에서 마르크스는 좀 다른 것을 말한다. 즉, 인류 역사를 통틀어 노동은 불행하지만 불가피한 것unfortunate necessity이었다. 먹고사는 일은 중요하지만 때로 고단하다. 그러나 현상 유지가 우리를 인간으로 만드는 것은 아니다. 그것은 정말로 자유롭다면, 초월할 수 있고 또 초월해야 하는 그저 불가피한 일일 뿐이다. 자유는 노동이 끝나는 데서 시작된다. 근무 시간 후, 휴가 중, 주말, 일하지 않을 때가 자유의 영역인 것이다. 이것은 자본가를 위해서 일을 하건 노동자들이 소유한 협동조합을 위해서 일을 하건 마찬가지다. 일하는 동안은 아직 필요의 영역이지 자유의 영역이 아니다.

심지어 다른 곳에서 마르크스는 언젠가는 우리 모두가 필요의 영역으로부터 자신을 해방시킬 수도 있다고 암시했다. 『고타 강령 비판Critique of the Gotha Program』에서는 이렇게 말한다.

공산주의 사회의 더 높은 단계에서, 즉 개인이 분업에 복종하는 예속적 상태가 사라지고 이와 함께 정신노동과 육체노동 사이의 대립도 사라진 다음 즉, 노동이 생활을 위한 수단일 뿐만 아니라 그 자체가 일차적인 생활 욕구로 된 다음, 개인들의 전면적 발전과 더불어 생산력도 향상하고, 협력적인 부의 모든 원천이 흘러넘치고 난 다음, 그때 비로소 부르주아적 권리의 편협한 한계를 완전히 극복하고, 사회는 자신의 기치를 이렇게 내걸 수 있게 된다. 각자 능력에 따라 일하고, 각자 필요에 따라 분배한다![36]

우리 대부분은 자본주의적 생산 관계에 익숙하여 '노동의 분할'에 종속되지 않은 개인들을 상상하는 것조차 힘들다. 우리는 계획을 구상하고 우리로 하여금 그것을 수행하도록 지시하는 상사의 존재에 익숙하다. 마르크스가 제시하는 것은 자신들의 이윤을 위해 계획을 세우는 사람들과 그것을 실행하는 사람들 사이의 장벽을 없애는 것—물론 그것은 사업을 경영하는 사람과 그것을 수행하는 사람들 사이의 구분 역시 없애는 것을 의미한다—이 가능하다는 것이다.

그러나 그것은 더욱 급진적인 것—사업으로 간주되는 것과 집단적 여가활동으로 간주되는 것 사이의 구분을 없애는 것—을 의미하기도 한다. 오직 그 상황에서만 우리는 "노동은 단지 생활의 한 수단일 뿐만 아니라 생활의 일차적인 욕구가 된다"는 것을 알게 될지도 모른다. 그때는 일은 더 이상 일이 아니고, 자유 시간에 우리가 실제로 선택하는 어떤 것이 될 것이다. 그러면 우리는 "네가 좋아하는 것을 하라"는 명령―착취를 받아들이는 것에 대한 솔직하지 못한 변명으로서가 아니라 존재 상태의 실질적 묘사로서―을 따를 수 있다. 이것이 '쩌는' 철학자stoner philosopher로서 마르크스다. 이렇게 얘기하는 마르크스 말이다. 느끼는 대로 해(각자 능력에 따라 일하고), 그러면 정말 굉장하겠지(각자 필요에 따라 분배한다면).

마르크스 비평가들은 일어날 성싶지 않은 유토피아로 묘사하면서 이 구절을 그에게 불리하게 사용하는 경우가 많다. 인간들이 비자발적이고 즐겁지 않은 노동에서 완전히 해방되는, 그처럼 생산적일 수 있는 건 어떤 사회일까? 이 책 마지막 장에서는 그러한 해방을 가능하게 할 혹은 적어도 그것에 근접하게 할 광범위한 자동화의 가능성― 만일 우리가 비극적인 생태 파괴를 일으키지 않고 자원과 에너지를 확보할 필요를 해결할 방법을 찾는다면―을 제시했다.

최근의 기술 발전은 상품 생산 영역뿐만 아니라 미래의 자동화된 공장과 3D 프린터를 작동시킬 에너지를 생산하는 영역에서도 일어나고 있다. 그렇기 때문에 탈결핍의 미래에 대한 한 가지 상상은 노동력 절약 기술을 화석연료의 물리적인 희소성과 생태적인 파괴성 양자에 의해 궁극적으로 제약된 현재 에너지 체제의 대안과 결합시키는 것이다. 그 미래가 확실히 보장된 것은 아니다. 하지만 기후를 안정화시키고, 청정에너지의 원천을 발견하며, 자원을 현명하게 사용할 우리 능력에 대한 희망적인 지표들은 존재한다. 이에 관해서는 3장에서 더 다룰 것이다.

그러나 결핍 문제가 해결되면, 우리 모두는 그저 〈월-E〉에서처럼 방탕과 무기력에 빠진 채 주저앉아 있을 것인가? 그렇지는 않다. 마르크스가 말했던 것처럼 "노동은 삶의 수단일 뿐만 아니라 삶의 일차적인 욕구다." 어떤 활동과 과제를 수행했건 간에, 거기에 참여한 이유는 임금이 필요하거나 협동조합에 월 노동시간의 의무를 지고 있기 때문이 아니라, 그것이 만족감을 준다는 것을 생래적으로 알기 때문이다. 일을 선택하는 데 있어서 비물질적인 이유에 이끌리는 정도를 감안하면 사례는 수없이 많다. 선택의 기회를 가질 만큼 특별한 사람들 사이에서도 찾기가 전혀 어렵지 않다. 즉, 엄청난 부를 약속하는 직업이 그들에게 열려 있을 때조차 수없이 많은 사람이 교사나 사회사업가가 되기를 선택하거나, 혹은 조그마한 유기농 농장 경영을 시작한다.

임노동의 종말은 오늘날 멀어져간 꿈처럼 보일지 모르지만, 그것은 한때 좌파의 꿈이었다. 노동운동은 높은 임금보다는 짧은 노동시간을 요구했었다. 사람들은 미래가 주인공이 주 2시간 일을 하는 만화영화 〈우주 가족 젯슨The Jetsons〉처럼 될 것으로 기대했고, 그들은 사람들이 일이 끝나고 나서 무엇을 할지 실제로 걱정했다. 「우리 손자 세대의 경제적 가능성Economic Possibilities for Our Grandchildren」이란 글에서 케인스는 다음과 같이 예견했다. 몇 세대 안에,

사람들은 자신의 진정한 문제, 항구적인 문제와 대면하게 될 것이다. 즉, 눈앞에 닥친 경제적 고민에서 벗어난 자유를 어떻게 행사할지, 여가를 어떻게 사용할지, 현명하고 기분 좋게 그리고 잘 살아가도록 어떤 학문과 복합적 관심사에 심취할지 말이다.[37]

그리고 1956년의 한 토론에서 마르크스주의 철학자인 막스 호르크하이머는 동료 테오도어 아도르노에게 "오늘날 우리는 충분한 생산력을 갖추었습니다. 다시 말해 우리가 전 세계에 상품을 공급할 수 있고 따라서 인류에게 필요로

서의 노동을 폐지할 수 있다는 것이 명백합니다."라며 이야
기를 시작한다.[38]

인간에게 일이란?

경제적 의미에서 임노동을 벗어나는 것은 사회적 의미에
서도 그것을 벗어난다는 뜻이다. 그리고 이것은 삶의 우선
순위와 방식에서 깊은 변화를 동반한다. 보니것의 시대와
마찬가지로 완전히 자동화된 미래가 가능하다 하더라도 그
것이 바람직하지는 않다고 주장하는 사람들이 있다. 그들은
일의 고유한 의미가 바로 자동화에 반하는 가장 훌륭한 논
거라고 생각한다. 그들은 실업이 실업자들의 심리와 건강에
심각하게 부정적인 영향을 미치는 연구들을 임금을 넘어선
일이 주는 긍정적 가치의 증거로 제시한다.

자본주의 사회라는 맥락에서 우리가 '일'을 이야기할 때
그것은 서로 다른 세 가지를 뜻한다는 것을 명심해야 한다.
첫째, 일은 생존을 위해 필요한 돈을 버는 방식이 될 수 있
다. 둘째, 우리 사회의 지속적 존립을 위해 필요한 어떤 활
동이 될 수 있다. 마지막으로, 고유한 만족감을 찾는 어떤

활동이 될 수 있는데, 그것은 우리 삶의 목적과 의미를 주기 때문이다. 소수의 행운아에게는 그 셋 모두일 수 있다. 그러나 우리 중 많은 사람에게 일은 그야말로 그럴 수만 있다면 기꺼이 면제받고 싶은, 임금을 얻는 방법에 불과하다. 이른바 '번듯한' 직장을 가진 사람들에게조차 어른거리는 복권 시장처럼 말이다.

베를린자유대학의 세 명의 경제학자가 수행한 한 연구는 임노동이 어떤 사람의 존엄이나 의미를 찾는 데 꼭 필요한 원천이 된다는 주장 이면에 놓인 좀 더 복잡한 현실을 보여준다.[39] 일반인들을 위한 연구 결과 요약에서 그들은 "사람들은 놀랄 만큼 생활 변화에 잘 적응한다"면서, 얼핏 보면 널리 통용되는 상식을 재확인하는 것처럼 시작한다. 그러나 실업으로부터 발생하는 고통은 예외다. "실업자의 생활 만족도는 심지어 실업에서 벗어난 오랜 후에도 회복되지 않는다."[40]

저자들은 실업자들의 고통이 왜 그렇게 오래 가는지에 대해서 질문하는데, 그렇게 함으로써 실업의 영향에 관한 논의가 진행될 때 항상 발생하는 모호성을 명확히 규명한다. 실업이 사람들에게 나쁜 영향을 주는 이유는 일의 경험이 유익하기 때문인가? 아니면 실업이 강력한 사회적 낙인을 동반하기 때문인가? (물론 이 질문은 실직이 가져오는 불행의 가장 분명한 이유인 삶의 의지를 꺾는다는 면을 도외시한다.)

실업이 사람들에게 좋지 않은 이유를 규명하기 위해서, 실업 상태였다가 은퇴한 독일인들이 스스로 작성한 생활 만족도 변화를 조사했다. 저자들은 "은퇴 상태로 돌입하는 것은 사회 집단에서의 변화를 가져오지만, 장기 실업자로 사는 생활에 다른 변화는 없다"는 것을 관찰했다. 그러나 다른 변수들을 통제하더라도 실업 상태에서 은퇴 상태로 이행하면 그들에게 즉시, 극적으로 행복이 증가한다는 것을 발견했다. 이것은 "장기 실업자들이 은퇴로 인한 사회 집단의 변화와 취업해야 한다는 사회적 규범을 충족시켜야 하는 강박에서 벗어났을 때 얼마나 강력하게 안도감을 느끼는지 그 영향력을" 보여주는 것이다.[41]

실업자들은 자신들이 일해야 하는 사람이라는 생각을 그만두자마자 더 행복해진다는 사실을 입증한 것이다. 이러한 결과는 실업으로 인한 피해가, 사회가 실업자를 바라보는 방식과 매우 연관되어 있다는 것을 시사한다. 그런 신념을 뒷받침할 아무런 합리성이 없음에도 불구하고, 우리는 일에 대한 보상을 어떤 사람의 값어치를 매기는 확실한 표시로 간주한다.

이런 입장을 가진 사람들은 그래도 다음과 같이 주장할 것이다. 탈노동이 일으키는 문제는 그야말로 자동화돼서는 안 되는 어떤 것들이 있다는 사실이다. 왜냐하면 그 일은 용납할 수 없을 만큼 인간성을 말살하거나 혹은 어떤 면에서 우리 사회에 모멸적이기 때문이다.

바꾸어 말해 섬유공장을 자동화하는 것과는 달리, 로봇 간호사나 보건의료 노동자들을 대체하는 진단용 컴퓨터의 전망은 많은 사람에게 공포를 안겨준다. 사회학자인 제이넵 투펙치는 노인 돌봄 서비스를 제공하는 로봇의 가능성에 대해 그 과정을 '비인간적'이라고 여긴다.[42] 그러나 그녀가 반대하는 것은 주로 자본주의라는 조건 아래서의 기계 도입으로, 그런 자동화는 그야말로 실업과 불행만을 낳을 것이라는 두려움으로 드러난다. 나는 다른 길이 가능하다는 것을 주장하기 위하여 이 책을 쓴다.

그런데 그녀는 중요한 문제를 제기한다. 간호와 같은 돌봄노동은 압도적 다수의 여성에 의해 수행되는데, 저평가되어 있고 임금이 낮은 것은 우연이 아니다. 따라서 이런 일이 자동화될 위험은 아마도 덜할 것이고, 실제로도 자동화는 일어나지 않아서, 저임금 여성 노동력은 임노동으로 남겨진 유일한 노동이 될 것이다. 변기 교체와 같은 돌봄 서비스는 자동화가 이상적인 불쾌 업무다. 그러나 많은 노인은 신체적 유지뿐만 아니라 정서적 유대라는 측면에서도 간호사들에게 의지한다.

그러나 돌봄노동의 정서적으로 복잡한 몇몇 측면조차도 대체할 수 있다. 만일 사람들이 감정이 없는 동물로부터 정서적 편안함을 얻는다면 왜 로봇은 안 되겠는가? 종종 인간이 원하는 것은 단순하다. 인간이 양육하고, 사랑받을 수 있는 다른 존재와 함께 있는 것이다. 설령 인간이 가진 것과 똑같은 감정은 아닐지라도 실제 우리의 애정에 화답하는 존재라면 말이다. 그래서 함께할 사람이 없는 이들은 종종 이런 욕구를 고양이나 개와의 관계를 통해 충족한다.

왜 그런 유대가 반드시 인간 하인에게서 와야만 하는가? 동물과 어울려 자라지 않은 사람들은 귀여운 개와 귀여운 로봇 사이에 어떤 차이가 있는지 분명하게 느끼지 못한다. 마찬가지로 로봇 간호사가 과로에 찌들고 몹시 짜증 난 사람보다 더 편안할 수 있다. 놀랄 것도 없다. 로봇기술의 정교함과 고도의 전문성을 가진 고령화 사회인 일본에서는 이미 시도되고 있다.

그러나 투펙치의 비판은 일과 자동화의 문제를 넘어서

좀 더 심오한 과제를 다룬다. 투펙치가 "깊은 감정 노동, 서로를 돌보는 일"이라 부르는 문제의식이다. 고립과 고독감을 극복하면서 서로를 돌보는 것이 인간의 본질이다. 그러나 우리가 그런 활동에 모든 것을 쏟아붓는 세계를 바라는 걸까? 혹은 돈을 받기 위해 일을 해야 할 필요로부터 해방되어 우리 자신과 서로를 돌보는 것의 의미를 탐구할 수 있는 세계인가? 나는 두 번째 가능성과 그러한 세계가 펼쳐낼지도 모르는 새로운 가능성과 문제점들 쪽을 지지한다.

만일 생산에 아주 약간의 인간 노동이 필요하거나 혹은 전혀 필요치 않다면 어떤 일이 일어날까? 그런 사회가 어떤 사회인지를 보기 위해 미국 대중문화에서 가장 유명한 〈스타트렉〉이라는 SF 유토피아를 살펴보자. 이 드라마의 경제와 사회는 두 개의 기본적인 기술 요소를 전제로 한다. 하나는 단지 버튼을 누르는 것만으로 난데없이 형체를 갖추어 나타나게 하는 '복제기' 기술이다. 다른 하나는 보풀 모양으로 묘사되는 완전 공짜(혹은 거의 공짜) 에너지원으로, 거기에 등장하는 복제기를 비롯한 다른 모든 것을 작동시킨다.

〈스타트렉〉과 영화들은 한 측면에서 보면 우리의 영웅들이 군함의 탐험이라는 메타포를 통해 은하계를 신나게 돌아다니는 모험 이야기며, 우주 오페라에 불과할 수도 있다. 그러나 좀 더 들어가보면 이 드라마의 등장인물들이 사는 미래사회는 결핍이 해결된 사회다. 실제로 우리는 이것을 공산주의 사회—마르크스가 사용했던 그 용어의 의미로, "각자는 능력에 따라 일하고, 그들의 필요에 따라 분배받는다"는 원리에 의해 움직이는 세계—라 부를 수 있다.

두 번째 작품인 〈스타트렉: 더 넥스트 제너레이션〉은 이 사실을 반복해서 언급하고 돈과 상품으로 이루어진 우리의 초라한 현재 세계를 조롱한다. 한 에피소드에서 장 뤽 피카드 선장은 400년간 가사 상태로 있었던, 20세기로부터 온 한 남자를 우연히 만난다. 피카드는 어리둥절한 신참에게 그 사회가 "배고픔, 결핍, 소유의 필요를 제거"했다는 것을 인내력 있게 설명해야만 했다. 그리고 거기에 나오는 외계인 중 하나인 퍼랭기들은 그들의 자본주의와 물질 축적에 대한 천박한 애착 때문에 계속 놀림거리가 되었다.

스타트렉 세계의 공산주의적 특징은 영화와 TV 프로그램이 은하계를 탐험하고 외계인 종족들과 싸우는 스타플릿의 군사적 위계에만 초점을 맞추기 때문에 알아차리기 어려운 경우가 많다. 모험과 탐험의 삶을 추구하는 사람들을 그리면서 대체로 자발적으로 선택한 위계처럼 보이기는 하지만, 그 시민들의 일상생활을 잠시 들여다보는 한에서는 위계나 강제로 인한 고통은 거의 없어 보인다. 〈스타트렉〉이 공산주의 유토피아에서 벗어났다면, 그것은 작가가 극적 긴장을 충분히 유발하기 위해 호전적인 외계인 종족이나 자원의 결핍을 끌어들였기 때문이다. 그 외의 대립은 "현명하고 기분 좋게, 그리고 잘 살기" 위한 탐구에 맞추어진다. 앞으로 보게 되겠지만, 상상할 수 있는 그러한 갈등은 수없이 많다.

자동화는 우리의 인생을 아름답게 할 것인가?

공산주의 사회의 중요한 갈등과 범주가 무엇일지 이야기하기 전에 먼저 우리가 어떻게 거기에 도달할지 따져볼 필요가 있다. 자동화에 대한 적대는 그 잠재력에 매료된 사람들 사이에서조차 널리 퍼져있는데, 그것은 대다수 사람을 배제하지 않으면서 잠재력을 성취할 방법을 모르기 때문이다. 만일 우리가 자동화된 생산에 힘입어 임금노동자(이후 임노동자)에서 돌봄을 받는 존재로 나아갈 수만 있다면 멋진 일이 되겠지만, 우리가 기계 소유자들에게 의존하는 모습으로 종국에는 오직 실업과 궁핍에 이를 확률이 더 높다.

나는 미래의 부엌에서 사용될 레시피에 대한 마르크스의

반감에 공감하기 때문에, 공산주의로의 이행에 관한 프로그램에 입각한 설명을 하지는 않을 것이다. 단지 몇 가지 기본적인 원리만 제시할 것이다.

우리는 자본주의의 종말이 단지 그 시기를 정하고 힘을 키운 다음, 한 번의 봉기로 정부와 생산수단을 장악—볼셰비키와 다른 반란 혁명들의 모델—하기만 하면 거대한 혁명 운동으로 반드시 이어질 것이라 상정해서는 안 된다. 그렇다고 해서 극적인 붕괴가 궁극적으로 필요하지 않다고 말하는 것은 아니다. 부와 권력을 가진 사람들이 그들의 기득권을 자발적으로 포기할 것이라 믿는 것은 순진하고 안이한 생각이다. 우리가 그런 심판을 강제하려면 아직 갈 길이 멀다. 우리는 자본주의가 완전히 전복되기 전에 이에 대한 대안을 세우는 전략을 생각할 수 있다. 그것은 사람들에게 자본주의적 임노동과 별개로 생존하고 행동할 능력을 지금 이 자리에서 주는 것을 의미하며, 동시에 자신을 정치적으로 모아내고 조직할 역량을 촉진하는 것을 의미한다.

사회민주주의적 복지국가는 종종 혁명적 프로젝트와 대조되는 것으로 이해한다. 만일 20세기 공산주의가 자본가 계급을 폭력적으로 전복하는 것이었다면, 서유럽 등에서 발전한 사회민주주의는 시장의 부침으로부터 사람들을 보호하기 위해 대수롭지 않은 사회안전망을 제공하는, 단지 자본주의의 가장 나쁜 측면들을 개선하는 것에 지나지 않는다. 하지만 설사 그렇다 하더라도 복지국가는 더 급진적인 면을 갖고 있기도 하다. 가장 보편적이고 관대한 복지국가의 효과는 노동을 비상품화하는 것인데, 다른 말로 하면 누구든 그 대가를 지불하려는 사람에게 우리의 노동을 팔지 않고도 생존하는 것이 가능한 상황을 창출했다는 점이다.

노동의 비상품화는, 스웨덴 사회학자인 요스타 에스핑 안데르센이 쓴 현대 복지국가에 관한 영향력 있는 1990년 저서 『복지자본주의의 세 가지 세계』라는 책에 나온 개념이다.[43] 그는 서로 다른 국가복지 체제를 구분하는 주요한 축의 하나가 노동을 비상품화한 정도에 달려있다는 점을 제시했다. 이 생각의 동기는 자본주의하에서 노동력은 하나의 상품이 되는데, 사람들은 자신들의 생존 수단을 벌기 위하여 그것을 시장에 내다 판다는 (마르크스로 거슬러 올라가는) 인식이다. 우리 대다수에게 노동은 사실상 팔기 위해 가지고 있는 유일한 것이고, 그것을 파는 것이 그럭저럭 살아가는 유일한 방법이다.

에스핑 안데르센은 노동의 비상품화를 일자리를 얻지 않고도, 그 어떤 행정적 절차를 거치지 않고도 우리의 기본적

인 필요—주택, 보건, 혹은 그냥 돈—를 얻을 수 있는 상황
으로 묘사한다. 이런 것들을 무엇을 하는 대가가 아니라 그
저 시민의 권리로 얻을 수 있다면, 우리의 노동은 비상품화
된 것이다.

어떤 사회가 자본주의 사회로 남아있는 한, 모든 노동을
완전히 비상품화하기는 절대 불가능하다. 모든 노동이 비상
품화된다면 다른 누군가를 위해 일하는 직업을 갖도록 노
동자들을 강제하기가 불가능할 것이고, 그렇게 되면 자본축
적은 서서히 중단되고 말 것이기 때문이다. 기업주가 제공하
는 일자리를 받아들이는 것 외에 다른 선택을 할 수 없는
노동자 집단을 발견하지 못하면 자본주의는 작동하지 않는
다. 그런데 실업자 보호, 사회 의료, 은퇴 후 보장된 연금 같
은 프로그램이 존재하거나, 가입 자격이 보편적인 권리로 취
급된다면 노동이 부분적으로 비상품화됐다고 말할 수 있다.
이런 논의에 기초하여 에스핑 안데르센은 북유럽 국가들과
같이 노동이 고도로 비상품화한 복지국가 체제를 미국과
같이 노동자들이 시장에 의존적인 국가들로부터 구분한다.

그리고 어떤 종류의 개혁들, 특히 노동을 비상품화하는
것들이 더욱 급진적인 방향으로 흐를 수 있다고 주장하는
사람들이 있다. 프랑스 사회학자 앙드레 고르는 이런 생각

을 잘 알려진 이론으로 만들어냈다. 1960년대 후반 초기저 작 중 하나인 『노동의 전략Strategy for Labor』에서 그는 "개량 이냐 혁명이냐" 하는 좌파의 지긋지긋한 논쟁을 끝내려고 시도하였고 그것을 새로운 것으로 대체했다.[44] 사회주의자들 은 오늘날에도 여전히 그러하듯 자본주의를 극복하기 위하 여 선거와 정책 개량을 사용하는 것이 가능한가, 아니면 폭 력적 권력 장악을 통해서만 가능한가 하는 것에 대해 끊임 없이 논쟁을 이어왔다. 고르에게는 이것이 잘못된 논쟁이며 현실 이슈로부터의 후퇴였다.

내부로부터─즉, 자본주의를 먼저 파괴하지 않고─ 즉각적으로 그 체제에 수렴되거나 종속되지 않는 반자 본주의적anti-capitalist 해결책을 도입하는 것은 가능한 가? 이것이 "개량이냐 혁명이냐" 하는 오래된 질문이 다. 운동을 개량을 위한 투쟁과 무장봉기 사이에 선택 할 수 있었던(혹은 있는) 시기라면 이것은 가장 중요한 질문이었다(혹은 이다). 그것은 더 이상 서유럽의 상황 에 해당하지 않는다. 여기에는 다른 대안이 없다. 여기 서 질문은 "혁명적 개량"의 가능성, 다시 말해 사회의 급진적 전환으로 나아가는 개량의 가능성을 중심으로 주어진다. 이것은 가능한가?[45]

고르는 현존하는 체제의 작동을 유지할 필요에 그것들을 종속시키는 "개량주의적 개량"을 급진적인 것으로부터 구분한다.

비개량주의적 개량은 무엇이 될 수 있는가보다는 무엇이 되어야 하는가라는 측면에서 결정된다. 궁극적으로 그것은 근본적인 정치적 경제적 변화의 성취에 목표를 둘 가능성을 바탕으로 한다. 이러한 변화는 그것이 점진적인 것이 될 수 있는 만큼이나 갑작스러운 것이 될 수도 있다. 그러나 어떤 경우든 힘 관계의 변화라는 양상을 띤다. 즉, 그것들은 노동자들이 권력을 접수하거나 혹은 체제 내부에 자본주의를 약화시키고 그 연결 부위를 흔드는 경향을 세우고, 유지하고, 확장하기에 충분한 힘(말하자면 제도화되지 않은 힘)을 확고히 하는 양상을 띤다. 그것들은 구조적 개혁의 형태를 취한다.[46]

고르의 비개량주의적 개혁의 한 예는 지금 보편적 기본

소득으로 많이 알려졌다. 모든 사람이 직업 유무, 다른 자격 조건 등 아무런 조건 없이 받을 수 있는 일정액의 돈을 지급하자는 제안이다. 이 보조금은 이상적으로는 사람들이 일을 하건 그렇지 않건 기본적인 품위를 유지하고 살 수 있을 만큼 적당히 높게 책정하는 것이 바람직하다.

사회수당이 어느 정도는 일과 연계되거나 그렇지 않으면 노인이나 장애인 같은 특수한 유권자들을 목표로 해야 한다는 진보주의자와 보수주의자 양쪽의 전형적인 주장을 뒤엎는다는 점을 감안하면 분명히 급진적인 제안이다. 그 제안의 현실성에 대해서는 광범한 논쟁이 있다. 어떻게 재원을 마련할 것인가. 그리고 어떤 프로그램들을 대신해서 이것을 사용할 것인가? 실업보험 또는 복지수당을 대체하는 것이 한 가지 방법이나, 의료보장을 정액제로 대체하는 것은 더 문제가 된다. 왜냐하면 사람에 따라 의료 서비스의 필요도가 매우 다르기 때문이다. 그러나 나는 여기서 보편적 기본소득이 가져올 수 있는 사회적 효과에 관한 유토피아적 상상에 더 관심이 있다.

기본소득에 관한 한 가지 비판은 사람들이 임노동으로부터 점점 많이 빠져나와서 기본소득에 재원을 공급하던 조세 기반을 잠식하게 됨에 따라, 구조적으로 오랜 시간 존립

할 수 없을 것이라는 비판이다. 그러나 다른 관점에서 바라보면, 이런 전망이 바로 기본소득을 비개량주의적 개혁으로 만드는 것이다. 따라서 기본소득을 그 출발점으로 삼는 좀더 실용적인 공상적 사회개량 방안을 그려볼 수 있다. 이 방향으로 나아가는 의미심장한 움직임의 하나는 로버트 반데르 빈과 필리프 판 파레이스의 1986년 에세이 「공산주의에 이르는 자본주의적인 길Capitalist Road to Communism」이다.[47]

이 글은 마르크스주의의 궁극적 목적이 사회주의가 아니라 착취(즉 사람들은 자기 노동의 진정한 가치보다 적게 지급받는다)와 소외를 모두 철폐한 공산주의—앞서 논의된 마르크스의 "자유의 영역" 즉, "생산적 활동은 더 이상 외부적 보상에 의해 유도되지 않는다"와 매우 유사하다—라는 명제에서 출발한다.[48]

"경제를 악순환에 빠뜨리지 않으면서 그들의 '기본적 필요'를 해결하는 데 보편수당을 모든 사람에게 충분히 지급하는 것이 가능하다. 일단 보편수당이 도입되면 경제는 어떻게 발달하는가?"를 생각해보라고 그들은 이야기한다.[49]

그들의 대답은 기본소득이 생산성을 향상시키는 자본가의 욕구를 "비틀 것"이라는 것이다.

상당한 보편수당을 받을 자격을 부여함과 동시에 매력적이지 않은 일, 보람을 느끼지 못 하는 일(이제는 누구도 생존을 위해서 이를 받아들이도록 강요당하지 않는다)의 임금이 올라가고, 매력 있고 본질적으로 보람을 느끼게 하는 일(기본적 필요는 어쨌든 보장되기 때문에 사람들은 이제는 보장된 소득 수준보다 한참 아래의 보수로 높은 질의 일을 받아들인다)의 평균적 임금이 내려갈 것이다. 결과적으로, 자본주의 이윤 논리는 일의 질을 향상시켜 단위 생산물당 요구되는 힘들고 단조로운 일을 감소시키는 기술혁신과 조직변화를 과거보다 더욱 촉진할 것이다.[50]

이러한 경향을 앞으로 더 확장해서 추정해볼 때, 모든 임노동이 점차 사라지는 상황에 도달할 것이다. 노동이 더 이상 아주 값싸지 않아서 고용주들은 더욱 자동화를 위한 압박을 느껴, 달갑지 않은 일은 완전히 자동화된다. 서론에서 주장한 바와 같이, 여기에서 추론은 경제의 완전 자동화를 못 하게 가로막는 것 중 하나는 기술적 해결책이 부족해서가 아니라, 임금이 너무 낮아서 기계를 사는 것보다 사람을 채용하는 것이 더 저렴하기 때문이라는 것이다. 그러나 기본소득을 받을 수 있게 됨에 따라, 노동자들은 불쾌하고 낮은 임금을 주는 일들을 하는 데 소극적이 될 것이며, 고용주들은 이러한 일들을 자동화시킬 인센티브를 갖게 될 것이다.

한편 호감이 가는 일의 임금은 점차 영으로 떨어진다. 왜냐하면 사람들이 돈을 받지 않고도 기꺼이 하려 할 뿐만 아니라 기본소득이 기본적 필요 재화를 제공하기 때문에 그렇게 하는 것이 가능하다. 고르가 『경제 이성 비판Critique of Economic Reason』에 썼듯이, 어떤 행위들은 "그것이 공공 영역이든 혹은 상업 영역이든, 부분적으로 자동화된 활동 영역으로 소환되어 외부 서비스에 의해서 제공되는 것들에 대한 수요를 감소시킬지도 모른다."[51]

따라서 장기 궤도는 사람들이 기본소득에 점점 덜 의존하게 되는 것이다. 왜냐하면 그들이 원하고 필요로 하는 것들을 돈으로 구입할 필요가 없기 때문이다. 3D 프린팅과 디지털 복제기술이 〈스타트렉〉의 복제기와 같은 것으로 진화해가면서, 어떤 것들은 공짜로 자동화되어 생산된다. 그 외의 것들은 임노동보다는 자발적 협력 활동으로 생산된다. 따라서 기본소득을 위한 조세 재원이 잠식되는 결과가 발생하지만, 그것은 기본소득 비판자들의 생각처럼 해결 불가능한 위기를 만드는 것이 아니라 화폐경제, 그리고 그에 상응하는 조세 기초를 소멸하는 것이 유토피아로 향하는 길이 된다.

한 예로 GDP 규모와 연계된 기본소득을 생각해보자. 우리는 물질적 번영의 증가는 GDP, 즉 경제활동을 화폐로 측정한 가치의 증가에 조응하는 자본주의 세계에 익숙하다. 그러나 임노동이 자동화와 자발적 활동으로 대체됨에 따라 GDP는 감소하기 시작할 것이고 그것과 연계된 기본소득도 마찬가지다. 이 변화가 삶의 수준을 저하시키지는 않을 것인데, 그 이유는 GDP 감소는 생활비용의 감소를 의미하기 때문이다. 전통적 마르크스주의의 버전에서 사회주의 국가가 소멸하는 것처럼, 기본소득도 소멸할 것이다. 반데르 빈과 판 파레이스가 말한 것처럼 "자본주의 사회는 완전한 사회주의로 순조롭게 나아갈 것이다."[52]

수많은 신분 위계가 만개하게 하라

기술변수들을 설정하고 약간의 배경이 되는 이야기를 쓰고 나니, 우리가 공산주의 사회에 산다고 상상해볼 수 있다.

그렇다면 이제 좀 더 인간적인 질문으로 돌아가자. 즉, 공산주의 사회에서 우리는 온종일 무엇을 하는가? 내가 묘사한 공산주의 사회를 그 비판자와 지지자 모두 위계와 갈등이 전혀 없는 사회로 이따금 잘못 이해한다. 자본-임금 관계의 철폐를 모든 사회문제를 한방에 해결하는 것으로 바라보기보다는, 아마도 정치학자 코리 로빈이 사용한 대로 "히스테릭 상태의 고통을 보통의 불행으로 바꾸는" 하나의 방법으로 생각하는 것이 바람직할 것이다.[53]

모든 위계와 갈등이 바로 이 순간에, 모두 자본의 논리로 압축될 수 있다는 것은 완전히 틀린 이야기다. 동시에 대부분의 사람이 임노동에 의존하는 한 어떻게든 발생하는 갈등을 그 근본으로부터 완전히 분리해내는 것은 불가능하다. 자본관계를 모든 억압과 갈등이 자라나는 뿌리로 생각하기보다는, 자기장이 주변 사물에 영향을 미치듯, 자본과 노동 사이의 갈등이 다른 사회관계의 형태를 만들어낸다고 이해하는 편이 더 낫다.

전자기 힘에 관한 수업에서 보통 학생들에게 흩어진 쇳가루에 둘러싸인 막대자석을 책상 위에 놓고 하는 실험이 주어진다. 자석을 둘러싼 보이지 않는 자기장은 소용돌이치면서 폭발하는 별과 같은 자기장 모양이 보일 때까지 쇳가루를 자기장과 같은 방향으로 이끈다. 자본관계는 한쪽 끝을 자본으로 하고 다른 한 끝을 노동으로 한 일종의 사회 자석으로서, 모든 사회적 위계를 돈에 뿌리를 둔 중심 위계를 따라 정렬시키는 경향이 있다.

따라서 육상경기 능력에서 위계는 프로 선수로서 수행에 필요한 지불의 위계로 전환된다. 그렇다 하더라도 자본주의 자기장은 모든 시스템을 완벽하게 정렬시킬 만큼 힘이 강하지 않다. 한 예로 명성은 일반적으로 돈으로 전환될 수도 있으나(킴 카다시안이 엄청나게 성공하는 스마트폰 게임을 출시할 때와 같이), 그 전환이 정확히 일치하거나 한결같지는 않다. 그리고 돈으로 역시 명성을 살 수 있으나, 항상 의도한 유형이 되지 않을 수도 있다. 엄마의 돈 4000달러를 들여 찍은 십 대 레베카 블랙의 뮤직비디오가 민망하고 형편없어서 온라인에서 선풍을 일으키게 된 것처럼 말이다.[54]

공산주의 사회에 관하여 가장 흥미로운 질문은 자본관계라는 구조화하는 힘이 제거된 이후에 다양한 종류의 지위 경쟁이 작동하는 것과 관련된 것이다. 다시 말하지만 소설은 유용한 삽화다. 그러나 이번에는 공산주의 미래의 고민 거리를 상상하기 위하여 우주를 여행하는 우주선과 외계인을 마술로 만들어내는 것은 필요하지 않다.

닥터로우의 2003년 소설 『마법 왕국의 빈털터리Down and Out in the Magic Kingdom』는 무대 배경이 오늘날의 미국임을 알아볼 수 있도록 설정된 작품인데, 결핍을 벗어난 세계를 그린다.[55] 〈스타트렉〉에서와 마찬가지로, 이 세계에서 물질적 결핍은 사라진다. 이 세계는 일종의 무정부주의로서 사회가 어떤 중요한 위계에도 종속되지 않은 채 만들어지고 흩어지는 집단에 의해서 운영되는 "애드호크러시ad-hocracy"*의 원칙에 따라 운영된다. 그러나 닥터로우는 인간 사회 내부에서 어떤 비물질적인 상품들—동료들 사이에서의 명성, 경의, 존경—은 본래 항상 부족하다는 사실을 파악한다. 따라서 이 책은 주인공들이 '우피'를 축적하려고 다양한 시도를 하는 것을 중심으로 이야기가 전개되는데, 우피는 우리가 다른 사람들로부터 축적한 호의를 나타내는 신임 점수와 사실상 다름이 없다(페이스북의 '좋아요'나 트위터의 리트윗과 같은 것의 일반적인 형태를 생각하라). 이 책의 등장인물들은 주인공이 어느 시점에서 이야기한 대로 다음과 같은 사실을 믿는다.

---

* 전통적 관료제 구조와는 달리 체계가 전혀 갖춰지지 않았거나 거의 없어, 융통성, 혁신성이 높은 '특별임시조직'을 말한다. (옮긴이 주)

우피는 돈의 진정한 본질을 재현했다. 지난 시절에는, 파산하더라도 존경을 받았다면 여러분은 굶어 죽지 않았을 것이다. 대조적으로 만일 여러분이 부자지만 미움을 샀다면, 얼마를 들여도 안전과 평화를 살수 없었을 것이다. 돈이 정말로 대표하는 것들―친구나 이웃과 쌓는 여러분의 개인적인 자본―을 측정함으로써 여러분은 더 정확하게 자신의 성공을 측정할 수있었다.[56]

물론 '지난 시절'은 자본주의 사회가 작동하는 방식을 아주 정확히 묘사하진 않았다. 자신에게 주목과 특권을 약속하는 편집자로부터 무상으로 과제를 떠맡는 저널리스트에관한 농담―그녀는 '폭로exposure'로 죽었다―에서 입증되는 것처럼 말이다. 우피를 비롯한 다른 어떤 평판에 의존하지 않고 생존을 지속할 수 있다는 것은 세상에 큰 변화를가져온다.

책을 보면 주로 디즈니랜드에서 이야기를 전개하는데, 그곳은 자발적 참여자들에 의해서 운영되는 탈노동 사회다. 그러나 위계와 조직은 여전히 필요하다. 그것은 우피에 따라 결정된다. 드라마는 다양한 음모와 갈등을 중심으로 진행된다. 죽은 자가 백업을 통해 쉽게 부활할 수 있다는 이 책의 유쾌한 가정에 따른다면 생존 혹은 죽음을 걱정할 필요가 없다. 그렇게 되자 디즈니랜드의 프레지던트홀에서 에이브러햄 링컨이 되는 경험을 할 수 있도록 우리의 두뇌와 접속하는 디스플레이를 설치해야 하는가와 같은 다른 갈등이 등장한다. 이런 논쟁은 누가 가장 많은 돈을 가지고 있느냐가 아니라, 누가 가장 높은 사회적 지위를 얻을 수 있는가에 달려있다.

소셜 미디어에 많은 시간을 쓰는 사람이라면 이것은 유토피아로 보이기보다는 오히려 끔찍하게 들릴지도 모른다. 그러나 이것이 〈스타트렉〉과 대조되는 닥터로우 책의 가치인데, 탈결핍 사회를 모두가 완벽한 조화를 이루고 정치가 필요 없는 사회로 보는 대신 나름의 위계와 갈등을 가진 사회로 다룬다.

인기 있는 사람들은 자신에게 더 관심을 불러일으키고 자신을 더 인기 있게 만드는 일을 할 능력을 갖추고 있기 때문에, 명성의 축적은 자본처럼 불균등하고 불멸적이다. 더욱이 인종차별과 성차별은 자본주의가 끝나도 사라지지 않는다. 그것들은 또한 탈자본주의 사회를 계층화할 수 있다. 그러한 동학은 블로그나 다른 소셜 미디어들이 인기 있는 운영자를 만들어내듯이 오늘날에도 쉽게 관찰할 수 있다. 돈의 함수가 완벽하게 작동하지 않는 가운데, 어떤 사람은 주목을 받는 반면 어떤 사람은 아니다. 페이스북에서 '좋아요'를 가장 많이 받은 사람이 누구냐에 따라 사회가 직조되는 것은 설사 그것이 자본주의적 외피를 벗었을 때조차 최소한 특정한 결점들을 갖는다.

똑같은 동학이 위키피디아 프로젝트에도 나타나는데, 이것은 자본주의의 특수성을 초월하는 분투의 또 다른 예를 보여준다. 원리상으로 위키피디아는 자체를 "누구든지 편집할 수 있는 백과사전"으로 정의한다. 하지만 실제로는 그렇게 무형적이지도 평등주의적이지도 않다. 위키피디아를 둘러싼 사회의 불평등이 어느 정도는 다시 기입되기 때문이다. 즉, 많은 수의 편집자가 백인 남성인데, 위키피디아의 콘텐츠는 이를 반영한다. 2010년 조사에 따르면 여성 기고자가 불과 13%밖에 없어서, 페미니즘 문헌 같은 것들은 애니메이션 〈심슨 가족〉의 조연들보다도 덜 다루어졌다.

그러므로 자본주의를 종식시키거나 가부장제와 인종차별을 끝내는 것이 갈등의 여지를 완전히 없애지는 못한다. 의견의 차이, 관심이 다름으로 인한 갈등, 성격 차이는 생각할 수 있는 그 어떤 세계에도 존재할 것이다. 위키피디아가 전통적인 사전처럼 혹은 자본주의 기업처럼 운영되지는 않지만, 그래도 여전히 위계를 가지고 있다. 행정 담당자, 편집자, 그리고 조정자의 복합적인 관료체계는 심사 절차를 우회하고, 사용자를 차단하고, 글을 지우고, 파일을 옮기는 다양한 권한 그리고 다른 사이트 기능을 가지고 있다.

그 구조는 문화예술 파괴행위 그리고 다른 사람을 음해하거나 이기적인 동기를 가진 사람들이 역사를 다시 쓰려고 하는 악의적인 시도를 차단하기 위해 고안된 것이다. 그러나 그것들은 한편으로 위키피디아가 편집자 기반을 확장하고 다양화하는 것을 가로막아, 새로운 편집자들의 열의를 꺾는 결과를 가져왔다. 저널《미국 행동주의 과학자American Behavioral Scientist》에 실린 한 연구에 따르면, 위키피디아 편집자는 2006년 5만 명에서 2011년 3만 5천 명으로 감소한 것으로 나타났다. 이 논문의 저자들은 위키피디아가 "규칙을 알고, 자신을 사회화시키며, 반자동화된 퇴짜의 비인격적인 벽을 재빨리 피하면서 여전히 자신의 시간과 에너지를 자발적으로 기부하기를 원하는 사람들이면 누구나 편집에 참여할 수 있는 백과사전"이 됐다고 빈정댔다.[57]

비트코인은 자본주의 화폐를 대체할까?

지금 닥터로우의 책을 읽는다면, 독자들은 발명된 비정부 통화—특히 유통되는 암호화폐인 비트코인—의 새로워진 명성 때문에 '우피'의 개념이 과거보다 훨씬 많은 반향을 불러일으킨다는 점을 알지도 모른다. 비트코인은 전통적 화폐나 은행 시스템에는 얽매이지 않으면서도 의도적인 소량 공급 체계를 유지하는 통화 시스템으로, 경제적으로는 제한적인 수준에서 관심을 끌고 있다. 그런데 비트코인은 온갖 미디어 홍보에도 불구하고 일반적으로 허세가 없는 다른 대안적 통화들보다 중요성이 덜 할지도 모른다.

비트코인의 열렬한 신봉자들은 그것이 자본주의 화폐를 대체하길 열망했다. 이것은 비트코인이 유형有形의 상품이나 서비스의 교환을 매개하고 그런 상품과 서비스에 대한 청구권을 가지는 가치의 저장소가 되어야 한다는 것을 의미한다. 다른 말로 하면 사람들이 비트코인을 지불금액으로 받게 하기 위해서는, 비트코인이 현재 어떤 가치가 있고 미래에도 계속해서 그런 가치가 있으리라는 것을 그들에게 확신시켜야 한다.

많은 비트코인 전도사는 그것이 정부에 의해서 만들어지

고 규제되는 것이 아니라는 이유로 비트코인이 더없이 안정된 가치의 저장수단이라고 믿는다. 금본위제에 대하여 과거 세대의 괴짜들이 집착했던 것과 본질적으로 다르지 않은 돈키호테식 집착이 비트코인 하위문화를 위기, 붕괴, 사기, 그리고 공황을 수반한 무질서한 19세기 금융체제를 순진하게 되풀이하는 모습으로 만들어냈다. 광기 어린 통화가치의 등락은 그 희생자들에게 아무런 의지를 남겨놓지도 않은 채 몇몇 유명한 비트코인 거래소들을 폐쇄시키면서 고객들의 부를 증발시켜버린 사실에서 보이듯 비트코인주의자들의 신념을 저버린 것으로 말이다. 이는 규범과 규제가 부재한 결과였다.

중앙은행과 정부 규제 필요성의 재발견은 시끌벅적한 한 무리의 자유의지론자 젊은이들을 놀림감으로 비웃기에는 충분하지만, 그것은 미래에 대해서 우리에게 거의 아무것도 말해주지 않는다. 전통화폐 척도로는 가장 높은 교환가치를 가지고 있고, 또한 가장 널리 홍보되어온 것이 틀림없지만, 비트코인이 유일한 암호화폐는 아니다. 비트코인 코드를 약간 변화시키는 방식으로 셀 수 없이 많은 경쟁 화폐가 존재하는데, 리트코인과 쿼크코인 같은 이름들이 그런 것들이다. 이중 대부분은 투기자들이 만들어낸 한탕주의 경쟁 화폐다.

몇몇 선동꾼이 어떤 회사의 가치에 대해 거짓 정보를 흘려 사람들이 앞다투어 사서 주식값을 올리도록 한 다음, 사기에 놀아난 사람들이 무슨 일이 일어나고 있는지를 알기 전에 자신들의 지분을 팔아치워 버리는 전통적인 주식시장의 펌앤덤 신용 사기와 조금도 다를 바 없다. 그러나 이 장의 목적에 비추어 가장 흥미로운 암호화폐는 일반적으로 바보 같은 우스갯소리로 간주되는 도지코인이다. 그것이 부침하는 과정에서 도입하기에는 시기상조였을 수 있는 전도유망한 메커니즘을 볼 수 있다.

도지코인이라는 이름은 열광적이고 비문법적인 감탄사로 둘러싸인 시바견 도지의 사진을 특별 인기 거리로 내세운 바이러스성 인터넷 밈으로부터 따온 것이다. 이 책이 출판될 즈음 독자들은 이 사실을 기억조차 못 할지도 모르겠다. 비트코인이 한참 뜨던 2013년 하반기에 세상에 나온 도지코인 또한 마찬가지다. 그러나 도지코인 중심으로 부상하던 공동체는 대안화폐 전체가 지닌 실질적 의의에 대해 중요한 이야기를 해준다.

미국 달러 가치로 측정하면, 도지코인은 한 번도 비트코인을 위협한 적이 없다. 그러나 그 통화의 핵심적 용도라는 측면에서 보면 그렇지 않다. 등장하고 몇 달 만에 도지코인의 거래는 사토시(비트코인은 가끔 그것의 의문스러운 창시자에 경의를 표하는 뜻으로 불리기 때문에)와 비교해 유례없는 일일 거래량을 보여왔다.[58] 그것은 도지코인이 전통적 자본주의 화폐 부류와는 전연 다르고 우피와 더 유사한, 다른 유형의 통화에 대한 필요를 충족시켰기 때문이다.

기술적으로 도지코인과 비트코인은 거의 유사하다. 그러나 그것은 도지코인의 중요성을 호도하는 묘사다. 도지코인이 해답을 제공하는 문제가 다른 것처럼, 도지코인 공동체의 사회학은 매우 다르다.

도지코인을 이해하려면 사람들이 그 화폐를 가지고 주로 무엇을 하는지 이해해야 한다. 사람들이 가끔 그것을 가지고 가치 있는 상품을 사기도 하지만, 가장 흔한 용도는 '팁 주기'인데, 이는 다른 인터넷 사용자에게 재치 있고 유익한 기여에 대한 감사로 소량의 도지코인을 건네는 관행을 말한다. 도지코인 한 개가 미국 화폐 1센트의 극히 일부의 가치에 불과하다는 사실 때문에 이러한 관행은 더욱 장려된다.

도지코인으로 팁 주기는 레딧과 트위터에서 특히 흔하게 일어나는데, 이들은 이런 양도를 실행하기에 편리한 플랫폼을 개발했다. 여기서 도지코인 팁은 레딧에서 좋아요 혹은 트위터에서 리트윗의 실행을 확장시킨다. 이러한 관행들을 사이트에서 사이트로 옮길 수 있는 형태인 공통의 화폐로 전환하는 것을 예외로 한다면 도지코인은 전통적인 통화들을 복제하려 시도하지 않고, 여러 분리된 영역들을 뛰어넘어 평판이 좋은 인연들을 이어주는 하나의 방식이다.

초반에 광풍처럼 관심이 밀려드는 동안 많은 미디어가 도지코인을 주목하고 비트코인의 프리즘을 통해 그것을 살펴보았다. 투기 자산의 하나로서 오프라인의 통화가치 저장고 역할을 강조했고, 그것이 전통적인 화폐의 기준에서 교환가치를 유지할 수 있느냐 여부에 과도한 관심을 표현했다. 그리고 마침내 도지코인은 죽음을 눈앞에 두고 있는지도 모른다. 이 글을 쓰는 순간에도 한 거액 투자자의 지배적 영향력으로 인해 도지코인 공동체는 위기에 처해있는데, 그는 전통화폐로 현금화할 수 있는 비트코인과 같은 투기적인 수단으로 바꾸려 한다.[59]

도지코인과 그것이 대표하는 인터넷 문화와 위계의 세계가 주는 교훈은 어떤 유토피아든 가질 수밖에 없는 복합성에 관한 것이다. 우리의 삶을 구성하는 핵심 규칙으로서 돈과 희소성을 제거하더라도, 인간은 너무 복잡하기 때문에 삶이 결코 단순하거나 지루해질 수 없다. 오히려 삶은 상상할 수 없을 만큼 더 복잡해진다. 그러나 특히 다음 장에서 다룰 내용과 비교하면 여전히 유토피아로 간주해야 할 것 같다.

이런 현상은 모두 우피를 얻으려 한다거나 위키의 복잡한 절차와 고투하는 실망스러운 부류의 유토피아처럼 보일지 모른다. 닥터로우 자신은 우피는 "무시무시한 화폐를 만들 것"이라고 말해왔고 그래서 그가 창조한 세계는 매우 어둡다. 그것은 바로 대단히 매력적인 자본주의 화폐의 탁월한 위계적 특성을 평판의 경제들이 복제할 수 있다는 점 때문이다.[60]

그러나 여기서 내가 그리는 공산주의 사회는 완전하지는 않지만 적어도 갈등이 임노동자와 자본가 간의 적대 혹은 부족한 자원을 둘러싼 투쟁에 기초하지 않는다는 것을 주장하고 싶다. 그것은 모든 것이 궁극적으로 돈으로 귀결되지는 않는 사회다. 공산주의 사회는 자본주의를 비롯한 다른 모든 사회에서처럼 분명히 지위의 높낮이가 존재할 것이다. 그러나 자본주의는 모든 지위의 높낮이가 완벽하지 않을지라도 자본과 돈이라는 중심적 위계에 맞춰진다. 탈결핍 사회의 이상은 다양한 종류의 존경이 서로 별개다. 그래서 누군가가 음악가로서 받는 존경은 정치 활동가로서 얻는 존경과는 상관이 없고, 어떤 분야의 지위를 얻기 위해 다른 분야의 지위를 이용할 수 없다. 그러므로 어떤 의미에서 이것을 '평등주의적' 형태로 부르는 것은 잘못된 명명이다. 그것은 실은 위계가 없는 사회라기보다는, 많은 위계가 있는데 어떤 위계도 다른 것보다 우위에 있지 않은 그런 사회다.

| 2 |

풍요롭지만 불평등한 사회
지대주의

스트로스의 2005년 소설 『점점 빠르게Accelerando』는 현재와 그리 멀지 않은 21세기가 이야기 배경이다.[61] 주인공 맨프레드 맥스는 저작권 있는 자료의 디지털 무단 배포를 이유로 그를 밀착 감시하는 마피아 '미국복제방지협회'의 폭력 단원들을 제압한다. 무장 경비원들과 금지 명령에 맞닥뜨리면, 그는 즉석에서 기발하고 복잡한 일련의 기업 법률을 조작하여 가뿐하게 덫을 빠져나온다.

인터넷에서 데이터를 유포했다는 이유로 사람들을 체포하는 무장한 폭력배에 대한 생각은 이 소설이 출간된 후로는 터무니없어 보이지 않게 되었다. 맥스의 감탄할 만한 이상주의적 해커 기질은 2013년에 스물여섯 살로 자살한 활동가이자 프로그래머인 에런 스워츠에 대한 기억을 떠올리게 한다. 스워츠는 학술 저널 데이터베이스에서 너무 많은 문헌을 다운로드한 죄로 주체할 수 없는 변호사 비용과 엄청난 벌금, 그리고 무려 35년이나 되는 감옥형 등에 직면해 있었다. 맨프레드 맥스와는 달리 스워츠는 빠져나올 길을 찾지 못했다.

이 장은 주로 지적재산과 그것을 보호하는 법률—스워츠가 기소된 법률—들에 관한 장이다. 앞의 장이 완벽한 풍요사회의 유토피아적 가능성에 대한 장이었다면, 이 장은 그런 가능성은 존재하지만 딱딱하게 굳어진 계급 구조와 그것을 보호하는 국가권력에 의해 방해받을 때 어떤 일이 벌어지는가에 대한 글이다. 우리가 보게 되겠지만, 지적재산과 그것으로 흘러드는 지대는 이 디스토피아의 중심 범주다.

로봇 주인의 정보 통제

대부분의 주류 경제학 논의 중 가장 전형적인 실패작은 생산과정에서 기술적으로 불필요해지면 인간노동은 사라질 수밖에 없다는 그들의 전제다. 그러나 자본 축적과 임노동의 체계는 효율적인 생산을 위한 기술적 장치임과 동시에 하나의 권력 체계이기도 하다. 다른 사람들에 대한 지배력을 갖는다는 것은 권력을 가진 많은 사람에겐 그 자체로서 보상이다. 따라서 권력을 가진 사람들은 다른 사람들이 자신들을 섬기는 체계가 순전히 생산적인 관점에서 보았을 때 불필요하더라도 이를 유지하기 위해 애를 쓸 것이다. 이 장에서는 완전 자동화된 환경에서 현재의 경제 엘리트가 어떻게 그들의 힘과 부를 유지할 수 있는지 논의한다.

하버드 대학의 노동경제학자 리처드 프리먼은 "로봇을 소유하는 자가 세계를 소유한다"고 말한다.[62] 앞 장에서 검토한 공산주의 사회와 달리, 이 장에서 다룰 사회는 풍요를 생산하는 기술을 적은 수의 엘리트가 독점하는 세계다. 그러나 소유권의 개념은 고도로 자동화된 세계에서는 다른 질감을 띤다. 우리가 "로봇을 소유하는 것"이라 말할 때, 단지 금속과 전선 꾸러미에 대한 통제권을 갖는 것을 의미하지 않는다. 오히려 이 구절은 우리가 사는 세계를 생산하고 재생산하는 데 필요한 컴퓨터 소프트웨어, 알고리즘, 청사진, 그리고 다른 정보들에 대한 통제를 은유적으로 표현한 것이다. 경제에 대한 통제를 유지하기 위해서 부자들은 단지 물리적 대상만이 아니라 그 정보까지 통제할 필요가 있다.

이 모든 것이 이 장에서 서술하는 시스템으로 귀결되는

데, 그것은 지적재산 관련 법률에 아주 많이 의존한다. 물리적 재산과 달리 지적재산은 물리적 대상을 소유할 권리를 가질 뿐만 아니라 견본을 복제하는 것까지도 통제한다. 그래서 지적재산은 예를 들면 대부분의 대상물을 3D 프린터로 값싸고 쉽게 복제할 수 있는 세계에서도 없어지지 않고 지속된다. 대부분의 저작권과 특허를 통제하는 사람들은 새로운 지배계급이 된다. 그러나 이 체제는 우리가 전통적으로 이해하는 방식의 자본주의가 아니다. 상품 생산을 통한 자본의 축적보다는 지대를 뽑아내는 데 기초하기 때문에, 나는 이 체제를 '지대주의'라 부른다.

새로운 개념의 '지대소득'

나는 '지대'라는 용어를 리카르도 같은 고전파 경제학자들로 거슬러 올라가고, 마르크스가 채택했던 전통을 따라 기술적인 의미로 쓴다. 원래 이 용어는 특별히 지주에 대한 지불금을 가리켰는데, 이는 자산 소유자에게 흘러 들어가는 다른 지불금과 달랐다. 가장 중요한 통찰은 토지 그 자체는 누군가에 의해 생산되지 않았다는 점이다. 토지에서 재배된 곡물이나 그 위에 세워진 공장은 사람들이 생산했을 것이나, 자연의 선물로 주어지는 토지는 그 자체에 가치가 존재한다. 따라서 토지에 대한 소유권을 갖는 사람은 그것으로 무엇을 하기보다는 단지 자산에 대한 접근을 통제하는 것으로 그 대가를 요구할 수 있다.

지주에게 내는 '차지료'에 관한 초창기 이론은 농업이 지배적인 사회라는 맥락에서 탄생한 것이었다. 현대 경제에서 지대 개념은 확장되고 더욱 추상화되어야 한다. 소유주가 아무 작용을 하지 않고도 자산이 소득을 발생시키는 여러 가지 다른 방법이 있다. 이러한 유형의 자산 소유주는 우리가 전통적으로 생각하는 자본가가 아니라 '지대소득자'인데, 이 용어는 19세기 프랑스에서 정부 채권을 소유한 사람들을 가리키기 위해서 맨 처음 널리 쓰였다. 이자로 먹고살 수 있었던 이들은 노동자도 자본가도 아니었다. 영국의 저널리스트 헨리 서덜랜드 에드워즈는 그의 1893년 저작 『파리의 과거와 오늘Old and New Paris』에서 불로소득 생활자를 '사업 은퇴자'와 비교한다.[63]

옛날의 불로소득 생활자는 일반적으로 적당한 부를 가진 사람으로 묘사됐다. 이는 고정된 수입에 의존해 살아가는 이자부 채권 보유 은퇴자—종종 정부와 은행의 저금리를 비난하는 사람들로 연상되는 인물—의 이미지로 지금도 계속 살아남아 있다. 그러나 실제 지대 수입은 적은 수의 부자들에 의해 대부분 독점된다. 이러한 사실은 지대를 낳는 자산의 총목록을 살펴보면 분명해진다. 지대는 단지 토지나 정부 채권에만 생기는 것이 아니라, 점점 주식 포트폴리오와 우리가 나중에 살펴보려는 지적재산에서 발생하는 빈도가 높아지고 있다.

지대와 지대소득자의 존재는 자본주의 옹호자들에게는 늘 설명하기 곤란한 것이었다. 생산수단을 장악하고 있는 자본가의 필요성을 옹호하기는 쉬웠다. 왜냐하면 이데올로기 신봉자들은 생산을 조직하는 것이든 생산물을 만들어내는 것이든, 혹은 단지 경제적 위험을 떠안는 것이든 적어도 자본가들이 무엇을 한다는 것을 주장할 수 있기 때문이다. 그러나 지대소득자는 아무것도 창조하지 않고, 아무것도 만들지 않으며, 아무것도 하지 않는다. 이들은 단지 가만히 앉아서 소유에 대한 보상을 거둬들일 뿐이다. 그래서 역사적으로 자산을 이용해 무엇인가를 함으로써 얻는 이윤과 달리 단지 자산을 소유함으로 인해 생기는 지대는 세금으로 환수하자는 주장이 제기되어 왔다.

19세기의 경제학자 헨리 조지로부터 이 정책을 핵심으로 삼는 하나의 완전한 지적 전통이 기원한다. 1879년 그의 책 『진보와 빈곤』에서 헨리 조지는 소득 불평등 문제의 "진정한 해결책"은 정말로 "토지를 공공의 재산으로 만들"어서 당시 존재했던 지대의 가장 큰 원천을 제거하는 것임이 틀림없다고 주장했다.[64] 그의 동시대 추종자들도 토지가 "인간 노동의 생산물은 아니지만 (…) 모든 생산을 위해서 필요하기"때문에, 사적으로 소유하는 토지에 발생하는 모든 지대는 과세를 통해서 환수해야 하며 공공재로 사용되어야 한다고 비슷하게 주장한다.[65]

지대소득자들의 존재는 역시 위대한 경제학자 케인스를 곤혹스럽게 했다. 그의 논문 「고용, 이자 및 화폐의 일반이론」의 유명한 절에서, 그는 이자율—즉, 소유하는 자본에 대한 수익—에 관해 논의하면서 "오늘날 이자는 지대보다 나을 것이 없다는 점에서, 진정한 희생을 보상하지 않는다."고 주장한다.[66] 이자는 단지 희소한 생산 자원의 소유자만을 보상한다고 케인스는 생각했다. 그는 "아무런 기능도 하지 않는 투자자인 지대소득자의 안락사"를 원했고 또 요구했는데, 이런 자원들이 더 이상 부족하지 않을 만큼 사회가 부유해지면 가능하다고 믿었다.[67]

희소성과 자산

희소성은 이 책에서 제기하는 질문 중 중심에 있다. 테크
노크라시 진보주의자로서 케인스는 자산 소유자에게 이자
를 지급하는 것이 희소성에 의해 정당화될 수 없다면, 이자
는 사라지게 될 것이고 또 그래야만 한다고 믿었다. 그의 관
점에서 볼 때, 우선적으로 자본주의 시장경제를 해야 하는
유일한 이유는 모든 사람이 원하는 만큼 가지지 못하는 상
황에서 부족한 재화를 배분해야 하기 때문이다. 만일 지대
가 어떠한 경제적 목적에도 적합하지 않다면 그것은 왜 존
재해야 하는가?

그러나 이는 사유재산에 기반을 두고 사회 중심에서 벌
어지는 권력투쟁을 간과하고 있다. 자산 소유자의 관점에서
볼 때, 이들의 부가 경제 이론 혹은 사회 후생 측면에서 정
당화되는가는 별로 중요하지 않다. 이들은 단지 자기 자산
을 지키길 원할 뿐이다. 그만큼 중요하게, 그들의 자산이 그
가치를 유지하길 원한다.

여기서 자산 자체의 속성에 관해 여담을 좀 하고 가야겠
다. 무엇이 자산을 가치 있게 만드는지 이해하기 전에, 무엇
이 그것을 자산으로 만드는지 알아야 한다. 자본주의의 열

렬한 지지자들로서는, 자산이 자연적으로 생겨나는 현실인 듯 주장하는 것이 편리한 경우가 많다. 그러나 자산은 국가 권력에 의해 기술되고 강제되어야 하는 실질적인 하나의 사회적 구조다. 모든 물리적 사회적 세계는 각각의 꼬리표에 소유자의 이름을 붙여 따로 나누어 가질 수 있다고 생각하는 바로 그것이 오랜 세월에 걸쳐 공들여 쌓아야 했던 자본주의의 이데올로기적 토대의 한 부분이다.

이 점은 초기 영국 자본주의와 "공유지의 인클로저"로 알려진 것의 논의 과정에서 종종 극명하게 드러난다. 중세에는 토지가 거주민이 건초를 베거나 가축이 풀을 뜯어 먹을 수 있게 하는 목적으로 자유로이 이용 가능한 공동 보유 자원으로 간주되었다. 토지에 "울타리를 두르는 것(인클로저)"은 애초에 접근을 막기 위해 문자 그대로 구획에 울타리를 쳐서 분리하는 것을 의미했다. 그러나 동시에 이것은 공동체가 접근권을 가지고 있던 토지가, 법적으로 아무나 사용할 수 없도록 배제할 권리를 가진 대지주의 통제하에 있는 사적 재산으로 이전되는 과정을 의미하기도 했다.

공유지를 둘러싼 투쟁은 오늘날에도 지속된다. 2003년에 좌파 룰라 정권을 탄생시키는 데 기여한 브라질의 '토지 없는 농촌 노동자들의 운동'은 "자산은 사회적 기능을 충족시켜야 한다"는 브라질 헌법 조항에 따라, 사용되지 않는 개인 토지는 소유자로부터 몰수해 공공재로 간주되어야 한다고 요구하면서 영향력을 떨쳤다. 벌써 어떤 기업가들은 지구 밖의 땅에도 울타리를 치려고 노력하는 중이다. 2014년에 레이철 리이더러는 《디센트Dissent》에 실은 비글로 에어로스페이스Bigelow Aerospace 사에 관한 기사에서, 그 회사가 "앞으로 달에서의 조업에 맞추어 '불간섭 구역'을 승인해줄 것"을 정부에 요청했다고 썼다.[68] 그럴 것 같지는 않지만, 달 표면에 울타리가 쳐질지도 모른다. 우주여행을 하는 세계 어느 국가도 1979년의 달 협정을 비준하지 않았는데, 비준했다면 달의 어느 부분도 소유할 수 없게 금지했을 것이다.

그러나 대부분 토지의 전면적인 사유화는 적어도 부자 나라에서는 오늘날 거의 당연하게 받아들인다. 재산의 의미와 범위를 어떻게 정의할 것인가를 둘러싼 논쟁은 다른 방식들로, 특히 소위 지적재산을 둘러싼 논쟁에서 계속되고 있다.

지적재산의 정의가 곧바로 '자산'이라는 변형되기 쉬운 개념이 어떻게 변하는지 보여준다. 옹호하는 사람들은 지적 재산을 크게 보아 다른 종류의 재산과 유사한 것처럼 말하는 경향이 있는데, 지적재산은 실제로 매우 다른 원리에 기초한다.

　이러한 사실은 심지어 마이클 볼드린과 데이비드 레빈 같은 보수적인 자유주의 경제학자들조차도 짜증 나게 한다. 『지적 독점에 반대하며Against Intellectual Monopoly』를 비롯한 다른 저작에서 이들은 지적재산권이 토지나 다른 물리적 대상에 대한 재산권과 매우 다른 것을 의미한다고 말한다.[69]

　지적재산권은 궁극적으로 유형有形의 사물에 대한 권리가 아니라 원본에 대한 권리다. 그것은 단지 신발 혹은 집을 지배할 권리를 보호하는 것과 같은 방식으로 "아이디어에 대한 복제본을 지배할 권리"를 보호하는 것이 아니다. 오히려 그것은 다른 사람에게 그들이 '소유'한 아이디어의 복제본을 사용하는 방법을 알려줄 권리를 승인한다. 볼드린과 레빈이 말하듯,

　　지적재산권은 다른 유형의 자산 소유자들에게 보통의 경우에 주어지거나 자동으로 부여되는 권리와는 다르다. 만일 내가 한 잔의 커피를 만들어내면, 나는 그것을 당신에게 팔지 혹은 내가 마실지 선택할 권리를 갖게 된다. 여기서 나의 재산권은 당신에게 그 커피 한 잔을 팔면서 동시에 커피 마시는 방법을 알려주기도

하는, 자동으로 따라오는 두 가지의 권리가 아니다.[70]

이러한 형태의 자산은 결코 새로운 것이 아니다. 작가의 저작권은 1710년 이래 영국법의 일부였다. 미국 헌법은 "일정 기간 저자와 발명자에게 각각의 저술과 발명에 대한 배타적 권한을 보장함으로써, 과학과 유용한 기술의 진보를 촉진하는" 정부의 권리를 명시적으로 기술하고 있다. 그러나 지적재산의 중요성은 점점 증가해왔고, 경제의 물리적 생산성이 높아질수록 그 중요성은 지속해서 커질 조짐을 보인다.

인클로저를 둘러싼 투쟁의 여파로, 현재는 더 많은 영역으로 지적재산을 확장하기 위한 싸움이 진행 중이다. 패션 디자이너들은 미국에서 역사적으로 자신의 디자인에 대한 저작권을 행사할 수 없었으나, 규모가 큰 디자이너와 이들의 법률적 동맹자들은 값싼 복제 드레스와 신발을 만든 제작자들을 대상으로 소송을 허용하는 법률을 통과시키려 하고 있다. 그런데 지적재산 보호를 자연으로까지 확대하려는 움직임은 더욱 불길하다. 2013년 보먼 대 몬샌토 주식회사 판결에서, 미국 대법원은 인디애나주 농부 버넌 보먼이 거대 농업기업인 몬샌토Monsanto가 소유한 특허를 침해했다면서 유죄 확정판결을 내렸다.[71] 그의 범죄 혐의는 제초제에 내성을 갖도록 유전적으로 변형된 '라운드 업 레디' 유전자를 갖고 있는 콩의 씨앗을 심은 것이다. 농부들이 농작물을 수확해 얻은 씨앗을 사용할 수 없고, 몬샌토는 그들에게 매년 새로운 씨앗을 사도록 강제할 자격이 있다고 판결한 것이었다.

다른 사례들에서도 마찬가지로, 물리적 대상에 대한 재산권은 그것과 관련된 무형의 지적재산권 때문에 변형되는 중이다. 애플 아이폰 소유자가 새로운 소프트웨어를 설치하기 위하여 그 기기를 '탈옥'하는 것은 규제기관이 2010년 해제를 발표할 때까지 디지털 밀레니엄 저작권법에 따라 명백한 불법으로 규정됐다. 유사한 소송이 자동차와 다른 운송기관에서 사용하는 소프트웨어를 소유자가 수정할 수 있는 권리를 둘러싸고 진행되고 있다. 예를 들면 존 디어 컴퍼니 Jhon Deere Company는 농부들이 트랙터를 구동하는 소프트웨어를 수정하거나 고치는 것은 불법이라고 정부 관리들에게 주장하고 있다. 왜냐하면 누구도 트랙터를 실제로 소유하는 것이 아니라, 단지 "그 기계를 작동할 (…) 암묵적인 면허"를 가지고 있을 뿐이기 때문이라고 이들은 말한다. 그러므로 소유권의 형태는 새롭게 변형되는데, 트랙터처럼 유형적인 것이라 하더라도 그것을 구매한 사람의 물리적 재산이 되지 못하고, 단지 일정한 시간 동안 면허를 받은 하나의 모형에 불과하다.

이 모두가 지적재산은 점점 자본가 계급이 소유한 중요한 자산의 한 구성요소가 된다는 것을 의미한다. 우리가 전 세계 '1%'와 그들의 재산을 이야기할 때, 단지 그들이 소유한 토지나 공장 혹은 스크루지 맥덕의 금화로 가득 찬 수영장만을 말하는 게 아니다. 많은 경우에 그 가치가 무형의, 지적 자산 형태로 뒷받침되는 주식이나 채권을 말한다.

유럽특허청이 발간한 2013년 보고서에 따르면 '지적재산-권 집약 산업intellectual property-rights intensive industrie'은 유럽 총생산의 39%를, 수출액의 무려 90%를 차지한다.[72] 마찬가지로 미국 상무부가 추정한 바에 따르면 지적재산-집약 산업은 미국 GDP의 35%를 차지하는데, 그 수치는 계속해서 상승할 뿐이다.[73] 여기에는 의류 제조와 같은 유형물뿐만 아니라 제약이나 오락 같은 분명 지적재산 의존 사업 분야를 포함한다. 그런데 의류 제조 분야로 말하면 나이키 상표의 가치가 그것이 새겨진 신발의 가치를 무색하게 만들기는 쉽다. 심지어 대부분 원료 거래로 보이는 석유 사업도 쉘 Shell과 같은 기업들이 보유한 엄청난 특허 때문에 어떤 경우에는 '지적재산 집약적'으로 보일 수 있다.

억압적인 국가기구에서도 지적재산의 중요성은 사라지지 않는다. 미국 국방성 부장관 윌리엄 린은 잡지《포린 어페어스Foreign Affairs》에 기고한 글에서 '사이버 전략'을 분명하게 미국 주식회사에 속한 지적재산의 가치 측면에서 검토했다.[74] 그는 "지적재산에 대한 위협은 중대한 국가 기반 시설에 대한 위협보다는 극적이지 않지만, 장기간에 걸쳐 미국이 직면하게 될 가장 중요한 사이버 위험일지 모른다"고 예견하면서 "지속적인 지적재산의 유실은 미국의 군사적 효율성과 세계 경제에서의 경쟁력 모두를 잠식할 수 있다"고 경고했다.[75]

그가 지적재산의 '유실'이라 할 때 그것이 무엇을 의미하는지를 깊이 따지는 것은 그만두자. 그는 구글이 "자신들의 기업 기반 시설에 자행한 정교한 작전의 결과로 지적재산을 유실한 사실을 공개했다"고 썼다.[76] 요컨대 누군가 구글의 컴퓨터 네트워크에 접속해서 복사할 수 없게 되어있는 것을 복사했다는 것이다. 그러나 아마도 구글은 그 정보를 갖고 있었을 것이다. 해커가 그것을 서버로부터 지웠고 어떤 백업도 남아있지 않을 가능성은 희박하기 때문이다. 이것을 '유실'이라고 표현하면서 유형의 재산에 쓰일 단어를 마음대로 갔다 쓰는데, 기껏해야 은유적인 확장일 뿐이다. 실제로 말하는 것은 원본의 무단 복제이고, 유일하게 잃어버리는 것은 미래에 있을 기업의 수입이다.

이러한 구분을 모호하게 하는 것은 지적재산을 과격하게 요구하는 사람들의 공통된 노림수인데, 이것은 인류에게 무시무시한 결과를 가져온다. 몬샌토와의 소송에서 패소한 농부 보먼은 85,000달러의 손실을 보았다. 밀락 지역의 오지브와Ojibwe족 피고용자인 제이미 토머스-라셋에게 24개 곡을 대중이 사용할 수 있도록 공유했다는 이유로 22만 달러를 청구한 것처럼, 음악을 무단 다운로드했다는 이유로 추적당한 사람들은 인생을 휘청거리게 할 만한 벌금을 맞고 있다. 물론 출세 제일주의자인 검사와 통제되지 않는 지적재산권 제도에 의해 희생된 스워츠 같은 사람도 있다.

반-스타트렉의 세계

앞서 살펴보았듯이 〈스타트렉〉은 평등주의적인 탈결핍 사회에 대한 우화를 제공한다. 그런데 평등주의가 없다면 그 사회는 어떤 모습일까? 바꾸어 말해, 복제기에 의해 물질적 풍요가 가능해졌다는 것을 감안할 때, 돈과 이윤, 그리고 계급 권력에 기초한 체제를 유지하는 것은 어떻게 가능할까?

경제학자들은 자본주의 시장경제는 부족한 자원 배분에 최적으로 작동한다고 말하기 좋아한다. 그러면 결핍을 대부분 극복한 세계에서 자본주의는 어떻게 유지될까? 이것은 스타트렉 우주에 대한 일종의 반정립을 요구하는데, 그것은 동일한 기술적 전제를 달지만 그 기술적 전제들이 다른 사회관계 속에서 구현되는 것이다.

앞에서 언급한 바와 같이 지적재산이 다른 재산과 다른 것은 그것이 유형有形의 대상에 대한 권리라기보다는 원본과 모든 복사본, 그리고 원본의 사용에 대해 권리를 부여하기 때문이다. 마치 청사진이 집을 짓는 지침이 되듯이, 스타트렉의 전체적 기반체제는 복제기로 물리적 대상을 제작하는 기초로 사용되는 원본에 기초하고 있다.

이것이 반-스타트렉을 위한 경제적 기초―다른 사람들에게 자신들이 '소유'한 아이디어 혹은 원본의 복제본을 어떻게 사용할지를 지시하는 능력―를 제공하는 지적재산 관련법의 특징이다. 따라서 스타트렉과는 달리 우리가 복제기에 접근할 권한이 없다고 상상해보자. 그리고 복제기를 사용하려면 그것을 사용할 권리를 부여하는 기업으로부터 그것을 사야 할 것이다.

누군가로 하여금 우리에게 복제기를 주도록 하거나, 혹은 그가 가지고 있는 복제기를 이용해 하나를 만들어주어도 안 된다. 왜냐하면 허가받지 않은 일이라서 법률적인 문제를 일으키기 때문이다. 한술 더 떠서 복제기를 이용해서 어떤 것을 만들 때마다, 그 특별한 일에 대한 권한을 소유하고 있는 사람이라면 누구에게든 허가료를 내야 한다. 장 뤽 피카드 선장은 습관적으로 복제기로 다가가서 "차, 얼그레이로, 뜨겁게."라고 요구한다. 그러나 그와 대응이 되는 반-스타트렉 인물은 뜨거운 얼그레이 차에 대한 복제기 원본을 저작권화한 회사에 돈을 내야 할 것이다. (짐작건대 다른 어떤 회사는 차가운 차에 대한 권한을 소유할 것이다.)

반-스타트렉 세계와 같은 것이 워런 엘리스의 새 천 년 기념 코믹 시리즈 『대도시 횡단Transmetropolitan』에 얼핏 묘사되고 있다. 이 이야기는 자신의 감정을 잘 드러내지 않는 언론인인 스파이더 예루살렘을 중심으로 전개되는데, 그는 어떤 시점에 더럽고 폭력이 난무하고 쾌락주의적인 세계를 뚫고 미래로 간다. 스파이더는 '제조기'를 갖고 있는데, 이것은 좀 이상하고 더욱 예측 불가능하지만 (스타트렉의) 복제기와 비슷한 것으로 보인다. 원료 이외에도, 스파이더는 새로운 것을 복제해내려면 '제조기 코드'의 새로운 시즌을 기다려야만 한다.

반-스타트렉 모델은 적어도 표면적으로는 이윤추구형 자본주의 기업을 어떻게 유지할 것인가 하는 문제에 답을 제시한다. 저작권을 가진 카르텔에 돈을 지급하지 않은 채 자신들의 복제기를 이용해 필요한 것을 조달하려는 사람은 누구든 스워츠나 라셋 같은 범법자가 된다. 그러나 모든 사람이 허가료로 돈을 계속 내야 한다면, 그들이 돈을 벌 방법이 필요한데, 여기서 새로운 문제가 발생한다. 제조기가 주변에 널려있기 때문에 인간 노동은 어떤 종류의 물리적 생산에도 필요하지 않다. 그러면 이 경제에 어떤 종류의 노동이 남아있는가? 다음과 같은 몇 가지 가능성이 있다.

'창조적인 계층'의 사람들이 새로운 복제 거리나 혹은 기존 제품의 새로운 변형들을 만들어낼 필요가 존재할 것이며, 이것들은 저작권을 부여받고 미래의 허가 수입을 위한 토대로 사용될 수 있다. 그러나 이게 결코 많은 일자리의 원천이 되지는 못한다. 왜냐하면 무한히 재생하는 하나의 원본을 창조하는 데 들어가는 노동은 똑같은 생산물을 계속해서 만들어내는 물리적 생산과정의 노동에 비하면 엄청나게 적기 때문이다. 더군다나, 창조적인 영역에서 돈을 벌기는 지금도 매우 어렵다.

그러므로 많은 사람이 이 일을 하고 싶어 하므로 최저임금 수준까지 경쟁적으로 임금을 끌어내린다. 그리고 많은 사람은 대가를 받지 않아도, 새롭게 창조하고 자신들이 창작해 놓은 것을 새롭게 혁신할 것이다. 반-스타트렉의 자본가들은 임금을 지급하지 않아도 되는 높은 순위의 창안자(새로운 것을 만들어내는 사람)들 중에서 고르고, 유망해 보이는 새로운 아이디어를 찾아, 창안자들을 인수하여 그 아이디어를 기업의 지적재산으로 전환하는 것이 훨씬 경제적임을 아마도 알게 될 것이다.

경제가 지적재산을 바탕으로 운용되는 세계에서 기업들은 다른 기업의 저작권과 특허를 침해한 혐의를 두고 끊임없이 서로 소송을 제기할 것이고, 수많은 변호사가 필요하게 될 것이다. 이것이 인구의 상당한 비중에 해당하는 고용을 창출할 것이지만, 전체 경제를 유지할 것이라 보기는 어렵다. 왜냐하면 원론적으로 어떤 것도 자동화될 수 있기 때문이다. IBM의 제퍼디 게임용 컴퓨터 프로그램인 왓슨은 이미 낮은 수준의 로펌 직원의 일을 대신하고 있다.

저작권을 가진 음악이 온라인상에 깔려있는 것을 탐지하여, 삭제하라는 요청을 보내는 시스템이 현재 존재하는 것처럼, 대규모 지적재산 기업이 점점 적은 수의 인간 변호사를 통해 대중을 상대로 소송 절차를 진행하는 것을 상상하기란 어렵지 않다. 다른 한편 모든 개인이 비용을 부담해서 변호사를 고용해야 하는 곳에서는 아마도 나름의 균형이 생겨날 것이다. 왜냐하면 누구도 자동 변호사 소프트웨어 비용을 감당할 수 없으나, 그들은 여전히 침해 혐의에 엄청난 손실을 입혀서 승리하려는 기업들의 소송에 맞서 물리쳐야 하기 때문이다.

시간이 지남에 따라 복제 가능한 목록은 늘어나지만, 허가료를 낼 돈과 복제로 만들어낸 것을 즐길 시간은 그만큼 빨리 증가하지 않을 것이다. 따라서 마케팅은 더욱 중요해질 것이다. 왜냐하면 어떤 기업이건 이윤을 벌어들이는 데 있어서 가장 큰 위협은 노동비용이나 원료비용이 아니라—기업들은 그것을 많이 혹은 전혀 필요로 하지 않는다—기업이 보유한 허가가 대중적 인기 면에서 경쟁 기업들에게 패배할 가능성이기 때문이다. 그래서 자기 기업의 지적재산을 경쟁 기업의 것보다 더 우월한 것으로 시장에 내놓으려는, 먹느냐 먹히느냐 하는 끊임없는 경쟁이 있게 될 것이다. 예컨대 펩시에 대한 코카콜라, 도요타에 대한 포드 등등. 이로 인해 광고와 마케팅을 위한 조그마한 군대를 유지해야 한다. 그러나 다시 말하지만, 자동화의 유령이 있다. 데이터 마이닝*, 머신 러닝, 그리고 인공지능에서의 발전은 그러한 영역에서조차 필요한 인간 노동의 양을 줄일 것이다.

마지막으로 내가 지금까지 묘사한 것 같이 경제적으로 과잉인 상태가 됐을지라도 부와 권력의 심각한 불평등이 바탕이 되는 사회라면, 가난하고 권력이 없는 사람들이 부와 권력을 가진 사람들로부터 일부를 빼앗아가려는 것을 막기 위하여 많은 양의 노동이 필요할 것이다. 경제학자 새뮤얼 볼스와 아준 자야데브는 이런 유형의 노동을 '감시노동'이라 부르고, "생산을 위한 것이 아니라 재산 소유권에 대한 교환과 추구 혹은 일방적 재산 소유권 이전 방지로부터 발생하는 보상청구의 집행을 위한 (…) 모니터 요원, 경비, 그리고 군사 인력이 행하는 수고"로 정의한다.[77] 그것은 개인 경호, 경찰, 군, 교도소와 법률 공무원, 그리고 무기 생산자를 포함한다. 2011년에 미국에서 520만 명의 감시노동자들이 일한 것으로 추정된다.[78]

창안자, 변호사, 마케팅 담당자, 그리고 감시인력, 이들이 반-스타트렉 사회에서 고용의 주요한 원천이 될 것이다. 그

---

*Data Mining. 대량으로 저장된 데이터에서 일정한 기준에 따라 유용한 정보를 추출하는 기술을 말한다. (편집자 주)

러나 이것으로 충분하리라고는 믿기 어렵다. 그 사회는 아마도 지속적인 과소고용 경향에 시달리게 될 것이다. 특히 창안자 부문(논쟁의 소지가 있다)을 제외한 모든 부문이 노동절약적 기술혁신의 압력에 처하게 될 것이다. 심지어 높은 차원의 경영 기능도 부분적으로는 자동화될 수 있다. 예컨대 2014년에 딥 놀리지Deep Knowledge라 불리는 홍콩의 벤처 캐피털 기금은 VITAL이라 부르는 프로그램 알고리즘을 모든 투자에 대한 의결권을 갖는 이사회 성원으로 임명했다.[79]

심지어 '창조성'마저도 (만일 우리가 그 단어를 복제기 원본의 창조에만 축소해서 적용한다면) 인간만의 고유한 능력은 아닐 듯하다. 2014년 컴퓨터학회Association of Computing Machinery 콘퍼런스에서 발표된 논문에, 의학연구자들은 데이터 마이닝을 이용해서 과학자들이 검증할 타당성 있는 가설을 자동으로 생성해내는 한 가지 방법을 발표하였다.[80] 그런 접근법은 팝송이나 스마트폰 게임 설계처럼 정형화하고 되풀이되는 다른 과정에도 점차 적용할 수 있다.

나아가 사기업이 이러한 업무를 위해 노동자들을 고용하는 것을 피할 또 다른 방법이 있다. 사람들이 그럴듯하다고 생각하고 무료로 자신의 시간을 이용해서 할 활동들로 이런 업무를 전환하는 것이다. 컴퓨터 과학자 루이스 폰 안은 그처럼 '목적을 가진 게임'을 개발하는 데 전문성을 가지고 있다. 애플리케이션들은 일반 사용자에게 즐거운 오락거리를 제공하는데, 그것은 폰 안이 '인간 계산'이라 부르는 유용한 계산 작업도 수행한다.[81]

폰 안의 초기 게임 중 하나는 사용자들에게 사진에 있는 대상을 식별하라고 주문한 다음, 그 데이터를 이미지를 찾는데 사용되는 데이터베이스로 피드백시켰다. 나중에 구글은 이 기술을 자신들의 이미지 탐색Image Search 기능을 향상시키기 위해 인가했다. 후에 그는 듀오링고Duolingo라는 회사를 설립했다. 이 회사는 무료로 어학 훈련 연습을 제공하고 사용자들을 불러 모아서 기업들을 위한 문서 번역을 시키는 것으로 그들의 언어를 훈련시키는데, 이 과정에서 기업들이 번역 서비스에 내는 돈이 회사의 수입이 된다.

아마도 이 계통의 연구는 비디오 게임이라 생각하는 것을 통해서 어린이들이 원격으로 항성 간 전쟁을 수행하는 오슨 스콧 카드의 소설 『엔더의 게임』 수준으로 발전할 수 있다. 실제로 그러한 전쟁을 수행할 기반 시설은 원격 조종되는 드론 폭격기로 이미 존재한다.[82] 그 시나리오는 절멸주의에 관한 4장에서 더 적절하게 다시 다룬다.

이러한 모든 이유를 놓고 보면 반-스타트렉 사회가 직면하는 중심 문제는 유효 수요의 문제로 보인다. 사적 이윤을 담보하는 허가료를 사람들이 지급할 만큼 충분히 돈을 벌 수 있도록 어떻게 보장할 것인가 하는 점이 관건이다. 물론 이는 산업자본주의가 직면했던 문제와 그리 다르지 않다. 그러나 갈수록 많은 인간 노동이 시스템으로부터 밀려 나오기 때문에 더욱더 심각해져서, 인류는 소비자로서는 필요한 존재임에도 생산요소로서는 과잉 상태에 놓이게 된다.

근본적으로는 자본가의 사익 추구를 위해서도 수요를 부양하기 위해 어느 정도 아래로의 부의 재분배가 필요할 것이다. 사회는 고르가 그의 1999년 책 『일 되찾기Reclaiming Work』에서 "지급 수단의 분배는 수행한 노동량이 아니라 사회적으로 생산된 부의 크기에 부합해야 한다"고 쓴 상태에 도달한다.[83]

프랑스의 지성을 영어로 옮겨보자. "여러분이 대우를 받을 만한 어떤 특별한 일을 해서가 아니라, 인간이고 사회가 제공할 만큼 부유하기 때문에 여러분은 품위 있는 수준의 삶을 누리는 것이 마땅하다." 그러므로 이론상으로 이러한 상태는 인간 노동을 사용한 물리적인 상품 생산이 아니라 지적재산에서 발생하는 지대에 기초한 세계이기 때문에 도달할 수 있는 하나의 장기 궤적이다. 고르가 말하는 것은 앞 장에서 논의한 바 있는 보편적인 기본소득과 같은 것이다. 이것이 의미하는 바는 지대주의의 장기 궤적 중 하나는 공산주의의 전환이라는 결과로 이어진다는 것이다.

여기서 지대소득자인 자본가 계급은 집단행동의 문제에 직면할 것이다. 이론상으로는 수익성 있는 기업의 이윤에 과세하고 그 돈을 소비자들에게 재분배함으로써—아마도 보편적 기본소득으로서, 그러나 실업자를 구제하려고 일부러 만들어낸 별로 필요 없는 일을 한 대가로—시스템을 유지하는 것은 가능할 것이다. 그러나 계급 전체로는 재분배가 바람직하다 하더라도, 개별 기업이나 부자 개인의 입장에서는 다른 기업이나 다른 부자들이 돈을 내는 것에 무임승차할 유인이 커서 재분배를 위한 조세 부과 노력에 저항할 것이다.

물론 정부가 노동자계급에 줄 돈을 그냥 찍어낼 수도 있다. 그러나 이때 발생하는 인플레이션은 바로 간접적 형태의 재분배가 될 것이기 때문에 역시나 반대에 부딪힐 것이다. 마지막으로 소비자들이 빚을 지는 방식을 통해 소비를 위한 재원을 확보하는 방법이 있다. 그러나 이는 문제를 해결하기보다는 수요 위기를 단지 지연시킬 뿐이라는 것을 우리 모두가 너무나 잘 안다.

이러한 모든 상황은 모두 반-스타트렉 세계에서 진행되는 불황과 주기적인 경제 위기의 무대를 만든다. 물론 여기에 대중이 있다. 이데올로기의 강력한 힘으로 사람들에게 지금 기술한 상황을 받아들이도록 할 것인가? 아니면 인위적인 결핍 체제를 넘어서 "또 다른 세계가 가능"함에도 불구하고, 지식과 문화의 풍부함이 규제 법률들에 갇혀있게 된 이유를 사람들이 묻기 시작할 것인가?

| 3 |

평등하나 결핍된 사회
사회주의

킴 스탠리 로빈슨의 캘리포니아 3부작은 소설로 된 세 폭짜리 그림이다. 각 권은 로빈슨의 고향인 캘리포니아주의 가능한 미래를 상상한다.[84] 첫 번째 소설 『야생의 해변 The Wild Shore』은 핵전쟁에서 살아남은 사람들의 단순한 농경 생활을 그리는데, 이 소설은 절멸주의를 다루는 4장에 딱 들어맞는 이야기다. 두 번째 『황금의 해안The Gold Coast』은 고속도로, 콘도, 쇼핑몰로 이루어진 J. G. 밸러드 류의 디스토피아로서, 아마도 지대소득자들의 디스토피아에 더 들어맞을 것이다.

그런데 세 번째 『태평양의 가장자리Pacific Edge』는 생태적 탈자본주의 유토피아의 모습인데, 로빈슨은 자기가 가장 살고 싶어 하는 미래라고 말한다. 이 소설은 로스앤젤레스 지역에 사는 사람들이 그곳의 콘크리트 숲을 푸르고 깨끗한

곳으로 재건하려 시도하는 이야기다. 로빈슨은 그 일을 "만일 우리가 마주하는 풍경, 사회기반 시설, 그리고 사회 시스템을 바꾸면 어떻게 될까를 생각해보는 시도"라고 부른다.[85] 그의 말 속에서 사회의 세 번째 이념형, 즉 자연에 대한 사회의 관계를 재정립하기 위해 함께 일하는 평등주의적 사회로서 사회주의의 정신이 포착된다.

『태평양의 가장자리』에서 다국적 자본주의인 세계는 좀 더 사회주의적이고 생태적으로 예민함이 살아있지만, 현대 기술을 원초주의자처럼 완전히 거부하지는 않는 사회다. 사람들은 소규모 단위로 자치를 하며 지속가능한 경제를 만들기 위해 함께 일한다. 그러나 우리 사회는 치유해야 할 손상을 많이 남겨놓았다. 소설 속에 펼쳐지는 긴장은 로빈슨이 한 인터뷰에서 말한 것처럼 "살기에 꽤 적합하도록 그 경관을 회복할" 필요를 둘러싸고 전개된다.[86] 그것은 인간이 개입하기 이전의 상태로 자연을 어떻게든 돌려놓는 것이 아니라, 인간과 환경 사이에 새로운 관계를 도출해냄을 의미한다. 황무지 지역이 완전 야생으로 남겨져야 하는가 아니면 인간의 사용에 순응해서 남아야 하는가가 중심 주제를 이룬다. 전반적으로, 싸움은 (자연을 오염시키지 않기 위하여) 어떻게 하면 인간을 항상 자연으로부터 분리시킬 수 있을

까라고 생각하기보다는, 인간 문명으로부터 발생하는 쓰레기를 어떻게 인지하고 통제할 것인가를 둘러싸고 진행된다.

책 앞부분에 두 사람이 오래된 도로를 파 뒤집는 장면이 나오는데, 아스팔트 재활용을 위해 보내려고 하려는 것이다. 불필요하게 넘쳐나는 교통신호와 맞닥뜨리면서, 그들은 다음과 같은 대화를 주고받는다.

아침이 지나가면서 공기는 따뜻해졌다. 그들이 세 번째 교통신호등 단자 박스와 마주쳤을 때, 도리스가 인상을 찌푸렸다.

"사람들이 낭비를 많이 했어."

행크가 말했다. "어떤 문화도 형편이 되는 만큼 낭비하는 거야."

"아냐, 그것은 형편없는 가치 기준일 뿐이야."

"스코틀랜드 사람들은?" 케빈이 물었다. "그들이 정말로 절약했다고들 하지."

"그런데 그들은 가난했잖아." 행크는 말했다. "그들은 절약하지 않으면 안 될 정도로 경제적 여유가 없었어. 내 말이 맞는다는 증거지."

도리스는 흙을 화물차에 실었다. "절약은 어떤 상황

에서든 가치가 있는 거야."

"그들이 왜 이런 것들을 여기 남겨두었는지 알잖아."
케빈이 교통신호 단자 박스를 톡톡 치면서 말했다. "이
도로들을 파 뒤집는 것은 미친 짓이야, 이 모든 차도 그
렇고."

도리스가 그녀의 짧고 검은 머리카락을 털 듯 고개
를 저었다. "너는 퇴보시키려 하고 있어, 케빈. 행크처
럼 말이야. 네가 행동을 취하게 하는 것은 네가 가진
가치들이지, 그 반대가 아니야. 만일 그들이 충분히 깊
이 생각했더라면 그들은 여기 이 잡동사니들을 다 치
우고 활용했겠지, 지금 우리가 하듯이 말이야."

"글쎄…."[87]

이 책 1장에 묘사한 공산주의 사회는 『태평양의 가장자
리』와 같은 세계를 보여주지만, 부족함과 황폐해진 생태라
는 제약이 없다. 내가 그 세계를 묘사한 방식은 암암리에
행크의 관점과 일치한다. 이 사회는 쓸 수 있는 만큼 낭비
하며, 사회의 기술적 기반 덕에 구성원들은 보존에 대해 너
무 많은 걱정을 할 필요가 없다. 이 장에서는 모든 사람에
게 가능한 최고의 삶을 제공하지만 우리가 쓸 수 있는 범위

내에서 어떻게 살지를 궁리해야 하는 상황일 경우, 어떤 일이 일어날지를 살펴본다.

자본주의와 성장의 한계

자본주의 정치경제학은 그 출발 이래 결핍이라는 문제에 관심을 가져왔지만, 동일하거나 지속적인 방식으로는 아니었다. 특히 석탄이나 석유 같은 에너지건 나무나 철 같은 원료건 성장에 필요한 투입물이 고갈되는 상황에서는, 무한하고 가속화되는 성장이라는 자본주의 동학이 붕괴할 것이라는 납득할만한 공포가 지속되었다. 부족한 자원은 자본주의 역사에 걸쳐 여러 지점에서 발전에 지장을 주었는데, 이런 일들은 체제 옹호 이론가들을 깜짝 놀라게 하면서 반복적으로 발생했다.

토머스 맬서스는 18세기 말의 저작에서, 농업 생산성의 한계는 가난한 사람들의 어김없는 출산 성향과 결합하여, 인구 성장과 경제적 번영의 증대, 양자 모두를 실현하는 것은 불가능에 가깝다고 우려했다.

오늘날까지도 자신들이 가리키는 결핍의 특정한 형태가

맬서스가 관심을 가졌던 것과 매우 다를지라도, 자본주의는 궁극적으로 지구가 수용할 능력에 의해 제한된다고 주장하는 사람들을 일반적으로 "맬서스주의자"라 부른다. 맬서스의 견해는 농업 생산성이 증가하기 시작하면서, (맬서스가 살았던) 200년 전보다 더 높은 삶의 수준에서 훨씬 많은 인구를 지구가 부양할 수 있게 하는 요소들을 설명하지 못하는 것으로 판명됐다. 그러나 성장의 물리적인 한계라는 보편적 주제는 주류 경제학에서건 자본주의에 비판적인 좌파적 논의에서건 다시 제기된다.

현대 주류 경제학의 창시자 중 한 사람인 윌리엄 스탠리 제번스는 산업화된, 그리고 탈산업화된 경제에 아직도 중심 이슈 중 하나인 에너지 부족 문제에 몰두했다. 1865년 저서 『석탄 문제The Coal Question』에서 제번스는 영국 경제성장과 석탄 매장량 이용에 대한 의존성을 분석했다.[88] 그는 석탄 생산이 최고점에 달하고 이어 감소함에 따라 한 세기도 안 돼서 경제성장은 멈출 수밖에 없다고 전망했다. 더욱이 그는 에너지 보전을 위한 노력에 대해서는 필연적으로 어둡게 보았다. 나중에 '제번스 역설'로 알려지게 된 것을 주장하면서, 그는 에너지 효율성이 증가하면 그로 인해 저렴해진 동력이 더 많이 쓰일 것이기 때문에, 그야말로 에너지를 더 많이 소비할 것이라고 역설했다.

제번스가 석탄 매장량을 추정한 것은 대체로 맞았지만, 선진 자본주의 경제가 석유로 에너지 기초를 급속히 옮겨 갔다는 것은 그가 알 수 없었다. 그러나 오늘날의 독자들은 제번스 견해의 현대판 이론인 '석유 생산 정점' 이론에 익숙할 것이다. 20세기 중반 지질학자 킹 허버트로부터 시작된 이 이론은 제번스 이론과 유사한 논리를 사용한다. 쉽게 뽑아낼 수 있는 매장량을 놓고 볼 때 석유 생산의 정점과 뒤이은 감소에 접근하고 있음을 주지시키면서, 석유 생산 정점 이론은 현 세계가 석유 매장량 고갈로부터 초래되는 불가피한 경제 불황의 시기로 나아가고 있다고 주장한다. 미국의 석유 생산이 1970년대에 정점을 찍을 것이라는 허버트 예견이 대체로 현실화되었을 때, 이 이론은 사람들의 신뢰를 얻었다.[89]

제번스가 석탄에 의존했던 것과 마찬가지로, 석유 생산 정점 이론은 경제가 석유 의존에서 고갈 위험이 덜한 에너지 원천인 태양, 바람, 수력, 천연가스, 그리고 핵 발전 같은 것들의 결합으로 전환하는 것이 불가능하다는 생각에 기초하고 있다. 그런데 우리는 지금 특별하고 더욱 긴박한 문제를 안고 있다. 설령 석유 매장량이 무한하다 하더라도, 탄화

수소를 태우는 것이 인류 문명에 비참한 결과를 동반하는 불가역적인 기후변화를 가져왔다는 사실을 우리는 알고 있다. 어떤 변화들은 불가역적이어서 그에 적응하는 것 외에는 방법이 없다. 그럼에도 불구하고 더 종말적인 시나리오를 막기 위해서는, 탄소 배출을 대량으로 줄이는 것이 긴급하다.

크리스천 퍼렌티가 기후 위기에 관한 그의 여러 저작에서 주장해온 대로, 우리가 전체 인류를 위해 괜찮고 살만한 세계를 보존하기 바란다면 매우 짧은 시간 안에 대규모로 전환해야 한다. IPCC는 파멸적인 전 지구적 악순환의 고리와 티핑 포인트를 피하려면 부자 나라들이 2050년까지 탄소 방출을 무려 90%로 줄여야 한다고 전망한다. 도전이 엄정하고 행동할 시간이 짧다는 것은 퍼렌티가 말하는 대로, "탄소 방출을 줄여야 하는 것은 바로 이 사회와 제도들"이라는 것을 의미한다.[90] 이 과제는 자본주의를 전복하는 것에는 한참 미치지 못하기에 여전히 파멸적인 화석연료로부터 이익을 얻는 강력한 이해관계자들의 콧대를 꺾을 만한 기념비적인 도전이 있어야 한다.

디스토피아를 넘어서

　실질적인 문제는 인류 문명이 생태 위기를 뚫고 살아남을 수 있느냐가 아니라, 우리 모두가 어떤 합리적 평등주의 방식으로 함께 그것을 극복할 수 있느냐다. 설령 기후변화로 인해 인류가 멸종한다 해도, 그 가능성은 매우 낮다. 더 그럴듯한 것은 사회의 붕괴와 더불어 전근대적인 신 암흑시대로 돌아가는 것이다. 복잡하고 기술적으로 진보된 사회를 유지하기 위해서는 분명 많은 사람이 필요하다. 그러나 그렇다고 하여 70억 인구 모두가 꼭 필요한 것은 아니다. 이 책은 1장에 윤곽을 제시한 것처럼 기술 발전으로 인해 필요한 사람들의 숫자는 줄어들고 있다고 전제한다.

　이러한 이유로 주류 미디어와 정치에서, 특히 미국에서, 계속되는 기후변화의 존재에 관한 웃음거리가 된 '논쟁'을 곧이곧대로 믿어서는 안 된다. 인류가 야기한 기후변화의 실재에 관해 논란을 벌이는 것은 더 이상 적절하지도 생산적이지도 않다. 기후과학을 부인하는 사람들은 순수하게 이를 거부하는 것이 아니며, 그 영향에 관심이 없다. 다른 말로 하면 그들은 충분하리만치 부자이면서 권력을 가진 사람들이기 때문에 최악의 시나리오가 현실화된다 하더라도,

현재의 사회구조가 유지되는 한 그 비용을 나머지 인류에게 떠넘기면서 자신들은 빠져나갈 수 있다고 믿는다. 이들에 대해서는 절멸주의에 관한 다음 장에서 충분히 살펴볼 것이다.

기후변화와 생태파괴는 피할 수 없기 때문에, 우리가 어떻게 대응할 것인가가 유일하게 타당한 질문이다. 이 장의 전제는 자원 부족과 생태적 한계는 쉽게 물리칠 수 없다는 것이다. (이와 대조적으로 공산주의에 관한 장에서는 자원과 생태적 한계는 더 나은 기술을 통하여 궁극적으로 초월할 수 있다고 주장했다.) 예를 들면 유타 대학의 정치경제학자 민치 리는 이 세계를 재생가능 에너지 기반 사회로 바꾸기 위해 필요한 사회 기반 시설의 대대적인 전환에 관하여 말한다. "발전소와 다른 전기시설의 건설은 금융자원뿐만 아니라, 특화된 공장에서 생산되어야 하는 장비와 원료에 더해, 노동자, 기술자 그리고 특수기술과 전문지식을 가진 사람들을 필요로 한다."[91] 이것은 자유시장도, 그리고 1장에 나왔던 모두에게 무상인 공산주의도 넘어서는 방식으로, 자원과 노동을 동원하는 일종의 중앙집권화된 국가 주도 프로젝트를 수반한다.

그럼에도 불구하고 종말의 우화, 허무주의자의 체념, 그리고 어떤 것도 이룰 수 없다는 생각과 같은 덫에 빠지지 않는 것이 중요하다. 좌파에게는 항상 종말론적인 구석이 있다. 우리 정치의 현재 상태를 감안하면 어느 정도 이해는 간다. 전문적인 용어를 써서 말한다면, 우리가 참사를 모면할 희망이 보이는 조치들을 찾을 수는 있지만, 실상은 불가능하다 싶을 만큼 규모가 방대하고 정치적 저항 또한 엄청날 것처럼 보이기 때문이다. 우리는 바람, 태양 그리고 다른 재생 가능한 에너지로 탄소 기반 에너지 체계를 교체할 녹색 뉴딜에 착수할 수도 있다. 현재 운송 체계의 중심인 휘발유를 태우는 자동차를 교체하기 위하여 우리는 고속 열차와 다른 대중 교통체계를 세울 수도 있다. 심지어 우리는 이산화탄소 포집과 격리 기술을 이용하여, 지속되는 탄소 배출로 인해 악영향을 받은 환경을 치유할 수 있을지도 모른다.

그러나 누가 그 돈을 댈 것인가? 그리고 어떻게 의회에서 법안을 통과시킬 것인가? 당장은 암울해 보인다. 따라서 더 나은 세계를 만드는 일은 어려울 뿐 아니라 실제로 불가능하다고 생각하도록 왜곡된 확신을 심어줄 수 있다.

자신의 SNS에 생태 지향적인 진보주의자가 있는 사람이라면, 우리 모두의 운이 다했다는 암묵적인 혹은 명시적 견해를 담은 기후 참사에 대한 다양한 전언들이 확산되는 것을 지켜보았을 게 틀림없다. 기후과학으로부터 나오는 많은 발견은 솔직히 무시무시하다. 예를 들어 서남극 대륙 빙하의 양은 수년 전에 누군가 예상했던 것보다도 훨씬 빠르게 감소하고 있다. 그러나 지질학의 관점에서 말하면, 거의 순간적으로 발생하는 역사적 사건들은 수십 년 혹은 수 세기에 걸쳐 서서히 밝혀질 것이다. 인간의 측면에서 보면 이것은 영겁처럼 오랜 시간이다. 그러므로 이 정도 대규모 환경 변화를 상대하는 인류 사회를 상상하기가 힘들기는 하지만, 지난 세기 격변했던 1914년 체제를 그려보는 일이 그렇듯, 이 또한 조금도 기이하지 않다. 두 번의 세계대전! 산업화된 대량학살! 핵무기! 그것은 아마도 앞선 세대의 사회주의자를 절망으로 몰아갔을 것이다. 로자 룩셈부르크 같은 사람이라면 인류가 이미 야만사회에 무릎을 꿇고 사회주의에 대한 어떤 희망도 몽상이나 다를 바 없게 만들었다고 결론 내렸을지도 모른다.

그래도 우리는 좋건 나쁘건 그럭저럭 헤쳐오고 있다. 다음 장에서 보겠지만 더 큰 위험은 우리가 단순히 기후 절벽에서 함께 떨어지는 것이 아니다. 오히려 빈곤에 허덕이는 방대한 세상 여기저기에 흩어져, 부wealth라는 안전한 장소에서 보호받는 극소수 지배계급에 안락한 존립을 열어주는 모습으로 인류 문명이 기후 참사에 적응하는 것이다.

숙명론은 부르주아 담론 구석구석에 배어있는 만큼이나 공허한 현실 긍정에 대한 완벽한 보완물이다. 현실 긍정은 바버라 에런라이크가 『긍정의 배신』에서 해부한 대로, 자립을 위한 긍정적 사고라는 상투어의 형태로 다가온다.[92] 그녀는 긍정적 사고의 힘은 임시 처방으로서, 부정적인 현실에 대해 의문을 갖거나 저항하기보다는 체념하여 수용하는 방식을 고취하는 경우가 너무 많다는 점을 지적했다. 『생각하라! 그러면 부자가 되리라』는 성공학 장르의 초기 고전 중하나인데, 이 책의 기본 메시지는 베스트셀러 『시크릿』을 밀어준 오프라 윈프리까지 이르는 일련의 다양한 홍보꾼들에의해 전파되어왔다.[93] 안타깝게도 부정적 사고가 파멸을 가져오지 않는 것처럼 긍정적 사고도 유토피아를 가져오지 않는다.

이러한 교리의 또 다른 판본이 실리콘밸리 부호의 가짜 유토피아주의다. 페이스북에서 우버까지 새로운 부류의 벼락부자들이 우리가 하찮은 노동 규범과 시장 규율 고집하기를 멈추고 뒤로 물러나 있으면 시장이 모든 문제를 해결하고 모두에게 번영을 가져다줄 것이라 주장할 때, 그들에게서는 자기만족이 어른거린다.

유토피아적인 우파의 가면 뒤에서 약속하든, 아니면 허무주의적인 좌파의 가면 뒤에서 약속하든 모든 허식은 모호한 말로 정치를 회피하는 것이다. 지배계급은 우리에게 미래는 필연적으로 밝다고 말한다. 좌파에 기댄 괴짜들은 미래는 필연적으로 침울하다고 자기 확신을 한다. 그 결과 우리의 상대인 우파는 현금을 챙기는 반면 좌파는 옳다는 데서 오는 미미한 감정적 만족을 취한다.

우리가 만들어낼 탈자본주의 사회에서 살아가기

가령 우리가 긴급한 단기 도전들을 극복하여 파멸적인 기후변화를 피했다고 가정하자. 그리고 더 나아가 계급으로 중층화된 사회를, 우리 모두가 기술의 과실을 이용할 수 있고 생산 노동은 상대적으로 최소화된, 좀 더 평등주의적인 사회로 전환할 수 있다고 가정해보자. 그때도 우리는 여전히 자본주의가 초래한 생태적 결과들과 씨름하고 있을 텐데, 그중 상당수는 이제 단단히 고정되어서 어떻게 할 수 없는 것들이다. 그리고 우리는 도시에서부터 수송망과 전력망까지 생태계에 적합한 새로운 방식에 어울리게 모든 것을 재구성해야 한다. 어떤 형태의 사회 체계가 이 과제를 받아들일 수 있을지 생각하려면, 미래의 탈자본주의 세계에서 인간과 자연이 어떤 관계를 맺을지 밝히기 위해 숙고할 필요가 있다.

생태에 대해 고찰할 때 종종 인간과 인간의 기술, 그리고 자연 사이의 이중성을 강화하는 방향으로 흐르는 경향이 있다. '보존' 혹은 '탄소 발자국'을 어떻게 줄일까 논의하면 자연은 오염되지 않은 상태 그대로 존재하고 사람은 자연을 지키기 위하여 그로부터 떨어져야 한다는 생각을 은연중에 비친다. 이런 방식의 사고는 궁극적으로 자연으로서, 생물학적 존재로서, 분리될 수 없는 자연 일부로서의 인류에 대한 부정이다. 또한 그 방식에서는 유기체 세계를 모두 벗어나기 위하여 의식을 컴퓨터로 업로드하기를 갈망하는 트랜스휴머니즘과 같다.

자연이 안정적이고, 인간의 개입 없이 시간이 흘러도 변하지 않는 균형 상태로 존재한다는 생각은 불균형, 붕괴, 그리고 지속적인 변화를 특징으로 하는 물리적 세계에 대한 깊은 오해를 드러낸다. 자연의 역사는 인간이 무대에 등장하기 오래전에 이미 과밀화, 종의 급격한 자연소멸, 멸종 그리고 기후변화로 가득 차 있었다. 만일 우리가 생태계를 변화하지 않는 자연을 보존하는 프로젝트로 바라본다면, 필연적으로 종말론적 허무주의자가 될 것이다. 최소한 인류 사회가 유지되는 동안만이라도 자연을 있는 그대로 보존하거나 혹은 그것을 원시 상태로 되돌릴 방법은 없다.

따지고 보면 자연은 우리를 개의치 않는다. 자연은 관심도 욕망도 가지지 않는다. 자연은 단지 존재할 뿐이다. 인류 멸망 이후 (지구가) 바퀴벌레와 쥐로 가득한 곳이 된다 하더라도 노아의 방주에 올라탔던 모든 피조물로 풍부한 신록의 세계와 똑같은 하나의 생태계다. 우리 인류를 제외하고 그 누가 어느 하나가 다른 것보다 낫다고 이야기하겠는가? 기후 혹은 생태계 혹은 종을 보존하려는 어떤 시도도 따지고 보면 결국 인류의 필요와 욕망―그것이 직접 우리를 살리기 위한 것이든, 우리 삶의 질을 높이는 자연 세계의 특징을 보존하는 것이든―에 부합하기 때문에 하는 것이다.

우리가 생명이 사라져 황폐함으로 둘러싸인 밀폐된 원형 돔에서 사는 미래를 벗어나고자 하는 이유는 그것이 소름 끼치는 삶의 방식이기 때문이다. 설령 어떤 환경운동가들은 단지 고래를 구하는 것을 원할지 모르지만, 그것 역시 우리가 고래가 있는 세계에서 사는 데 우선순위를 두었기 때문이다. 인류를 근절되어야 마땅한 자연의 골칫거리로 바라보는 가장 극단적인 형태인 '심층 생태학'의 경우에도, 자신들의 허무주의를 감정 중립적인 지구로 투사하면서, 거기서 벗어나기 위한 시도로 인간 중심의 생태학을 부조리로 바꾸었을 뿐이다.

로빈슨의 화성 3부작은 인간 중심의 생태학과 자연숭배 간의 차이를 비판하고 해설한 것으로 이해할 수 있다. 이 책은 화성을 인간이 살 수 있는 행성으로 만들기 위한 수백 년에 걸친 투쟁을 그린 것으로, 화성 최초의 식민지 주민들을 따라간다. 마지막 책 『푸른 화성Blue Mars』은 채소, 강, 그리고 바다로 덮여 있는 반면, 『붉은 화성』이란 첫 번째 책에서 행성은 아직 인간의 손이 거의 닿지 않은 상태다.[94] 그 행성을 인간들이 정착하기에 적합하지 않은 원래의 형태로 유지해야 한다는 것을 지지하는 사람들은 '빨강', 애초의 화성(행성) 환경을 파괴해 개척해나가는 것을 지지하는 사람들은 '초록'으로 구분한다. 자연 세계를 우리의 필요에 적합하게 만들어내는 인류의 과업은 특정한 자연환경을 그 자체로 보존하려는 충동과는 다르다.

다시 이곳 지구로 돌아와보자. 생태학자 유진 스토머를 비롯한 사람들은 인류가 지구 생태계에 지대한 영향을 끼

친 지질학적 시기로서 현재 우리가 사는 시대를 '인류세 Anthropocene'라 부르자고 제안한 바 있다. 일부 좌파 생태학자들은 이 용어를 생태 파괴의 탓을 특별히 자본가에게 돌리기보다는 인류 일반에 돌리는 하나의 방편으로 받아들이며 의심의 눈초리를 거두지 않는다.[95] 그러나 반드시 그렇지만은 않다. 생태학이란 늘 인간의 관심사를 중심으로 삼을 수밖에 없는데 인류세 또한 그에 대한 하나의 인정일 수 있기 때문이다. 바꾸어 말하면 그 질문은 어떻게 하면 자연에 대한 인간의 영향을 줄일 것인가가 아니라 어떻게 우리가 자연을 더 낫게 관리하고 보살필 수 있는가 하는 것이다.

프랑스 사회학자 브뤼노 라투르는 메리 셸리의 영향력 있는 SF 『프랑켄슈타인』을 읽고 유사한 논평을 했다. 그는 이이야기가 대개의 비평처럼 기술과 인간의 자만심을 경고한 것이 아니라고 논평한다.[96] 프랑켄슈타인(이것은 괴물의 이름이 아니라 과학자의 이름이다)의 진짜 죄악은 그가 피조물을 만든 데 있는 것이 아니라, 그가 만든 피조물을 사랑하고 돌보지 않고 황무지에 방치한 데 있었다. 라투르에게 이 이야기는 기술, 생태와 맺고 있는 우리의 관계에 관한 하나의 우화다. 우리가 창조한 기술이 예측하지 못한 무시무시한 결과를 가져올 때—지구 온난화, 공해, 멸종—우리는 공포에 사로잡히게 된다.

우리는 자연을 방치할 수도 없고 그래서도 안 된다. 의식적으로 자연을 변화시키는 데 더욱더 개입하는 것 말고 다른 방법은 없다. 우리가 만든 괴물을 사랑하는 것 말고 다른 방법이 없는데, 그렇지 않으면 자연은 달려들어 우리를 파괴한다. "단지 기술과 혁신을 수용하는 것을 넘어서 더 많은 것이 요구된다"고 라투르는 말한다. "인간의 발전 과정을 자연으로부터의 해방이나 추방으로 바라보는 것이 아니라, 수많은 비인류 자연에 어느 때보다도 더 밀착하여 그들과 친숙해지는 과정으로 바라보는" 관점이 필요하다.[97]

하나의 작은 예시로 현재 하버드 대학에서 추진하는 '로보비RoboBee' 프로젝트를 살펴보자. 그들의 목표는 생물학자, 로봇연구가, 기술자가 합동으로 곤충의 행동을 흉내 낼 수 있는 작은 로봇을 만드는 것이다. 우리 시대의 걱정거리들로 인해 많은 사람이 무엇보다도 이러한 기술이 군사적 감시 목적으로 사용될 가능성, 그리고 아무런 거리낌 없이 자체 웹사이트에 이 프로젝트를 광고하려고 올리게 될 가능성을 우려한다. 그러나 이 기술은 인류가 만들어낸 생태계의 구멍을 메우는 데도 역시 사용될 수 있다. 예를 들어 로봇 벌들이 식물에 수분함으로써, 2006년 이후로 미국의 벌 개체 수 급감을 가져온 벌집 군 붕괴 현상의 영향을 완화할 수도 있을 것이다. 벌집 군 붕괴 현상은 일벌들이 자신들의 벌집을 버리고 여왕벌과 어린 벌들을 남겨놓은 채 떠나 결국 죽는 기이한 현상이다. 우리의 앞선 모든 환경 변형이 그래왔듯이, 기술적 개입으로 생태적 장애를 치유하는 것은 분명 의도하지 않은 결과를 가져온다. 그러나 라투르가 논평하듯 현 단계에서는 자연에 우리가 더 깊이 개입하는 것 외에 다른 대안이 없다.

생태사회주의와 국가

그러면 우리가 만들어낸 괴물들을 어떻게 더 많이 사랑할까? 생태적으로 지속가능한 방식에 맞추어 사회를 재구성하려면 정부와 다른 큰 조직들이 막중한 역할을 해야 한다. 우리가 공산주의를 검토할 때는 이러한 문제는 대부분 생각하지 않아도 됐었다. 그 사회에서는 사람들이 다른 사람들에게 부정적인 영향을 주지 않으면서 자유롭게 어울리고 자신들의 욕망을 추구할 수 있었다. 그러나 상처투성이에 자원 문제를 안고 있는 지구에서 함께 살기를 배우려면 더욱더 큰 범위에서 해답을 찾아야 한다.

우선 현재 기후변화 문제의 근원인 탄소를 대기로 뿜어내는 석탄과 석유 발전소를 줄여야 한다. 다행히 정치적 장애물만 극복할 수 있다면 해결책은 존재한다. 바람, 조수, 지열, 그리고 조류에너지 발전 원천들이 유용하지만, 아마도 태양열 발전이 화석연료에 대한 가장 중요하고 장기적인 대안이 될 것이다. 물론 태양은 지금까지 지구가 이용할 수 있는 에너지의 가장 강력한 원천이다. 태양에너지 수집기로 지구 표면의 작은 부분까지 망라한다면 막대한 양의 전기를 만들어낼 수 있다. 더욱이 태양열 기술은 경제성이 없는 새 고안품에서 시작되었지만 이제는 실질적인 대체물로 빠르게 발전하고 있다. 1977년에 태양광전지 패널의 가격은 와트당 76.67달러였는데, 2013년 와트당 0.74달러로 떨어졌다. 대규모 태양광발전의 주요 장애물 중 하나로 햇볕이 없을 때 전기를 저장하는 새로운 배터리 기술도 곧 해결할 수 있다. 미국 에너지고등연구계획국은 2016년 3월 이 분야에서 현존하는 에너지 망을 완전히 바꿀 잠재력을 가진 중대한 발견을 했다고 발표한 상태다.

핵에너지도 일정한 역할을 할 수 있다. 그러나 핵 반응기 건설에 큰 비용과 오랜 시간이 걸리기 때문에 주변적인 역할에 머물 가능성이 크다. 그리고 핵에너지는 고유한 위험이 크기 때문에 단지 비상용 임시방편 정도로 의지해야 한다. (청정에너지에서 가장 중요한 획기적인 발견은 현재의 핵분열 기술이 가지고 있는 위험성과 독성 부산물을 만들어내지 않고 엄청난 양의 에너지를 만들어낼 수 있는 지속가능한 핵융합로일 것이다. 그러나 과학자들이 실험실 내에서는 융합반응을 만들어낼 수 있지만, 융합반응에 소비되는 에너지보다 더 많은 에너지를 만들어내는 데 이르기까지는 아직 까마득하다. 특히 기후 위기가 짧은 시간에 진행되는 것임을 감안한다면, 이처럼 확실치 않은 노력까지 계산에 넣는 것은 적당하지 않다.)

단순히 오염 물질이 많은 에너지 사용을 단계적으로 중단하는 것만으로는 충분하지 않다. 공기 중의 탄소를 제거함으로써, 이미 발생한 것들의 일부를 되돌리기 위한 행동도 취해야만 할 것이다. 몇몇 환경주의자는 '탄소 포집' 기술을, 오염 에너지원을 지속해서 사용하는 것을 정당화하는 계략에 말려드는 것이라 믿기 때문에 반대한다. 그러나 탄소 포집 격리와 청정에너지를 결합해 진행하는 것은 탄소에너지 시대로부터 빠져나가는 데 있어 상대적으로 온건하면서도 최고로 희망적인 길이다.

더 거대한 사회 기반 시설을 전환하는 것에 더하여, 우리의 일상생활을 재구성할 필요가 있다. 여기에는 제멋대로 뻗어 나간 교외 지구를 거느린 대도시들을 대중교통으로 연결하면서 좀 더 조밀하게 밀집된 지방 도시들로 바꾸는 것이 포함된다. 그러나 도시를 개조할 때, 시골 지역 역시 다시 만들 필요가 있다는 것을 놓쳐서는 안 된다. 모든 사람을 빽빽한 아파트 단지로 밀어 넣는 것은 교외 생활에 대한 갈망에 어느 정도는 동기를 부여하는 공간적 자유와 초록에 대한 요구를 부정하는 것이다. 도시 외곽 공간은 사람의 손이 닿지 않은 야생으로서가 아니라, "우체국, 잘 다듬어진 길, 높은 보조금이 지급되는 젖소, 예쁜 마을들이 완벽하게 갖추어진 시골 생태계"라는 라투르의 묘사처럼 사람이 만든 특성이 있는 프랑스의 국립공원과 더 가깝게 되어야 한다.[98] 짐작건대 청정한 고속 철로를 통해 모든 것이 도시로 연결될 것이다.

재구성이 필요한 목록은 더 있다. 침수 위험이 높아진 연안 지역을 기준에 맞게 바꾸는 것이다. 예를 들어 덴마크 기술자들의 수 세기에 걸친 경험을 뉴욕처럼 갈수록 범람 피해를 당하기 쉬운 지역에 적용하는 것인데, 이미 진행되고 있다. 탈임금 세계를 가정한다면, 이러한 노동력을 어떻게 모아낼까? 다시 한번 말하지만, 기계와 자동화는 많은 도움이 된다. 그러나 인간 노동력을 필요로 하는 한에서는, 병역 제도를 바꾸면 오늘날 군사 기구로 보내져서 낭비되는 노동력을 활용할 수 있다.

모든 것을 복제할 수 있는 시대의 결핍

마지막으로 소비 문제가 있다. 결핍을 다루어야 할 절박한 필요가 있게 되겠지만, 자본주의의 표준적인 형태에서처럼 노동이나 상품의 결핍은 아니다. 만일 진짜로 완벽한 복제기가 존재한다면, 실제와 구별할 수 없는 기계가 만든 햄버거의 도움으로 농업조차 사라질 수 있다. 배급되어야 하는 것은 생산을 위한 기본 투입물―아마도 물이나 다른 원재료, 아니면 에너지뿐일 수도 있다―이다. 이것은 일종의 경제계획을 요구한다.

계획은 20세기에 사회주의를 둘러싸고 이루어진 여러 핵심 논쟁의 중심에 있었다. 정부가 하나하나의 소비재 생산에 대하여 시시콜콜한 것까지 계획할 수 있었는가? 시장은 아직도 "사회주의적"이라 이름을 붙일 만한 (자격을 갖춘)

사회에서 생산을 조직하는 데 사용될 수 있었는가?

계획은 많은 SF에서 탈결핍 사회의 이론 체계를 구체화하면서 나타난다. 맥레오드의 소설 『카시니 간극Cassini Division』은 인류가 태양계를 식민지화하고 몇몇 독특한 사회—그 중의 하나는 태양연방으로 알려진 것—를 구성한 24세기에 일어나는 이야기다. 어느 시점에서 저자는 그들의 "레온티예프 물질 수지 행렬을 쩔쩔매게 하는 배비지 엔진"에 대해 묘사한다.[99] 다음 장에서 보게 될 바실리 레온티예프의 이름은 프랜시스 스푸포드의 『레드 플렌티Red Plenty』—과거에 대한 사변적 소설인데, 계획경제를 운영하기 위하여 수학적으로 다루기 쉬운 방법을 찾기 위한 수학자 레오니트 칸토로비치의 시도를 소설로 각색한 것이다—에 묘사된 대로 소비에트 계획 시대를 환기시킨다.[100]

로빈슨의 『2312』는 "태양계 전체의 1년 경제가 1초도 안 돼 양자 컴퓨터에 호출되어 나올 수 있는" 시스템을 묘사한다.[101] 양자 컴퓨팅은 컴퓨터 과학에서 오랫동안 추구해왔던 꿈이다. 이것은 우리가 오늘날 가지고 있는 컴퓨터에 비해 몇 자릿수나 빠른 컴퓨터를 만드는 데 양자역학의 원리들을 사용할 수 있다는 것을 전제로 한다. 그러므로 로빈슨의 암시는 소비에트 시대와 비교하면 상상할 수 없을 정도로 복잡한 경제계획 문제를 풀 수 있는 기계에 대한 것이다. 『레드 플렌티』에 대한 찬성의 의미로, 경제 체제는 "스푸포드형 소비에트 인공두뇌 모델"이라 불린다.[102] 그리고 또 다른 좌파 내부의 농담에서, 로빈슨은 그 체제가 "앨버트-하넬 모델"로도 알려져 있다고 말한다. 이것은 좌파 경제 이론가인 마이클 앨버트와 로빈 하넬을 말하는 것인데, 이들이 창안하려는 '참여 경제학' 체계는 계획 결정의 권한을 관료들에게 주는 것이 아니라 개인들의 필요에 반응하게 하는 것이다.

계획은 실행 가능한 경제가 작동하는 탈자본주의 미래 사회를 상상하려는 많은 사람의 마음속에 분명히 존재한다. 그러나 이런 모든 예시는 낡은 20세기 문제, 생산 계획의 문제에 대하여 답하려는 시도들이다. 앞의 장들에서와 같이 복제기가 존재한다면, 이것은 사실 문제가 아니다. 적어도 소비재에 관한 한 사람들은 무엇이든 원하는 것을 스스로 만들 수 있기 때문이다. 그러나 자원의 한계가 있는 미래는 여전히 소비를 잘 관리해야 하는 문제에 직면한다. 다시 말해 복제기에 집어넣을 투입물이 부족한 상태에서 이를 배분할 새로운 방법이 필요하다.

여기에서 1장에 소개한 보편적 기본소득이 다시 한번 유용할 수 있다. 이 장의 맥락에서 보편적 기본소득은 자본주의에서의 임금과는 매우 다른 기능을 한다. 그것은 시장 메커니즘을 통하여 소비를 제한하고 계획하는 역할을 한다.

이를 '사회주의'라는 제목을 붙인 이 장에서 말하는 게 이상할지 모른다. 그리고 사회주의자들 중에는 시장은 바람직한 탈자본주의 사회와 본질에서 맞지 않는 것으로 보는 이도 있다. 이들에게 시장은 자본주의의 문제점을 구성하는 근본 요소이고, 자동화와 소외의 원천이다.

이들의 주장은 이렇게 나아간다. 시장은 인간관계를 매개하기 위해 돈과 상품을 사용하기 때문에, 물물교환을 하거나, 공동체가 자신들의 필요를 자급자족하거나, 혹은 모든 기업이 사회화되고 생산과 분배에 관한 의사결정이 정치적 과정을 따라 결정되는 완전한 계획경제와 같이, 경제생활을 조직하는 다른 방식에 비해 본질적으로 덜 사회적이고 덜 인간적이다. 이런 비판은 특히 시장 관계가 우리의 삶 모든 면에 스며들어있고, 심지어 가장 개인적인 결정까지 비인격적인 힘에 종속시키는 경향이 있는 자본주의 사회에서는 분명히 상당한 장점이 있다.

그러나 특별한 유형의 사물이나 서비스를, 시장은 자신이 뿌리내린 더 큰 사회구조에 따라 매우 다른 의미와 영향을 갖는 기술technology로도 간주할 수 있다. 부와 소득이 극단적으로 집중화하는 특징을 보이는 현재 인간 사회에서 시장은 사회 권력을 돈에 따라 배분함으로써 '1달러 1표' 사회를 만든다.

자동차 공유 서비스 우버, 심부름 외주 웹사이트 태스크래빗TaskRabbit, 단기 대여 시장인 에어비앤비Airbnb와 같은 기업의 예를 보자. 이 기업들 모두는 자신의 사업을, 개개인들이 근본적인 평등 조건 아래서 상품이나 서비스를 적은 양으로 교환하는, "공유 경제"의 일부로 묘사한다. 그 아이디어는 내가 휴가를 떠날 때 내 아파트를 세줄 수 있다는 것이고, 시간이 날 때 나를 어딘가로 태워주도록 당신을 고용하고, 그럼으로써 결국 우리 모두는 좀 더 편리해지고 좀 더 돈을 벌게 된다는 것이다. 이 경우 누구도 다른 사람을 착취할 만한 부와 권력을 가지지 않는데, 이 점 때문에 사회학자 에릭 올린 라이트는 시장에서 동일한 권력을 가지는 "법적 성인들 사이의 자본주의"라고 부른다.[103]

이런 기업들이 존재하기는 하지만, 이는 현재 우리 시스템이 사실 얼마나 불평등하고 합의에 기초하지 않고 있는가를 보여줄 뿐이다. 그것은 두 가지 서로 다른 점에서 불평등하다. 이 시스템에는 서비스 구매자와 판매자 사이에 불평등이 있다. 예컨대 태스크래빗을 통해서 고용되는 사람들은 일자리를 놓칠까 두려워 모욕적이거나 비합리적인 요구에 이의를 제기할 수 없다. 많은 에어비앤비 건물은 여분의 방을 며칠 동안 세를 주려는 개인들에 의해서가 아니라, 근본적으로 허가받지 않은 호텔 체인들에 의해 운영되고 있다. 그리고 주요 벤처 기업가들의 엄호하에 기업들 스스로는, 교환이 일어나는 플랫폼을 통제하고 그들의 이윤을 극대화하려는 의지에 따라 규칙을 바꿀 수 있기 때문에, 구매자와 판매자를 지배한다. 우버의 경우에서 불평등을 제대로 보게 되는데, 이 회사는 요금과 근로 조건을 임의로 바꾸는 경향 때문에 기사들의 파업과 항의를 초래했다.

그러나 모든 사람이 동일한 기본소득을 배분받고 누구도 막대한 양의 부에 대한 통제권을 가지지 않는 세계를 상정한다면, 이와 같은 반대 이유는 사라진다. 기본소득이 그 세계에서 넉넉하지 않은 모든 것에 대해 당신의 몫을 받도록 해주는 배급카드라고 생각해보자. 풍족하지 않은 각 자원의 특정한 양을 할당하기보다는, 과도한 사용을 방지하는 데 시장의 가격 메커니즘이 활용될 것이다.

이것이 무엇을 의미하는지 설명하기 위하여 일상적인 예로 주차를 들어보자. 전통적으로 미국 도시 대부분 지역에서 거리 주차는 공짜이거나 혹은 약간의 정액 요금만 내면 이용할 수 있다. 주차비는 지나치게 저가다. 왜냐하면 사람들로 하여금 주차 공간이라는 제한된 자원을 과잉소비하도록 함으로써, 주차 공간의 부족을 초래하고 많은 자동차가 주차 공간을 찾아 돌아다니게 하기 때문이다. 뉴욕 일부 지역은 주차할 곳을 찾는 교통량이 대부분을 차지하는데, 공해와 교통 정체를 유발하면서 시간을 허비한다.

이에 대한 대안을 찾기 위해 UCLA의 주차 이론가인 도널드 슙의 주도로 일부 도시들은 거리 주차 요금에 대해 다양한 안을 실험하고 있다.[104] 슙의 핵심 테마 중 하나는 도시 지방정부가 낮은 요금으로 거리 주차를 하도록 해서는 안 된다는 것이다. 왜냐하면 그렇게 하면 두 시간 상한과 같은 짜증 나는 배급 규정 등과 함께 앞서 설명한 바와 같은 소비에트형 부족을 초래하기 때문이다.

이 이론의 영향을 받아 로스앤젤레스시는 LA 급행 주차라 불리는 무선 스마트 계량 시스템을 시행하기로 했다. 각 주차 공간 아래 노면에 센서가 설치되고, 그곳에 자동차가 있는지 감지한다. 컴퓨터화된 시스템은 몇 개의 주차 공간이 채워졌는지에 따라 자동으로 주차 요금을 조정한다. 주차 수요가 높을 때 요금은 시간당 무려 6달러까지 오르고,

주차 공간이 많이 남아돌 경우는 50센트까지도 내려간다.

　LA 급행 주차 제도는 '자유 시장'을 주차에 적용한 사례로 널리 논의되고 홍보되어왔다. 이는 시장을 자본주의, 불평등과 동일시하는 좌파들을 짜증 나게 한다. 그러나 이 경우에 '시장' 논의는 단지 강자들을 더 부유하게 하는 이데올로기적 속임수 이상의 것이다. 그것은 자본주의로부터 분리할 수 있는 제한된 기술로서 시장의 잠재력에 대해 약간의 힌트를 준다.

　마르크스주의자들은 자본주의 시장을 종종 두 가지 이유로 반대해왔다. 첫 번째는 좁은 의미로 경제적인 것이다. 자본주의적 경쟁의 '무정부성' 아래서 사적 이윤의 추구는 불공평하고 불합리한 결과를 가져온다. 가난한 사람들이 굶주리는 상황에서도 사치재들이 생산되고, 아무도 그걸 살 돈이 없는 데도 재고는 쌓이며, 수천 명이 일자리를 찾아 헤매는 데도 공장들은 놀고 있고, 환경은 황폐해지고 등등이다. 레온 트로츠키가 그의 공산주의 추종자들을 위해 단기 개혁과제를 제시한 『이행 프로그램Transitional Program』에 이러한 종류의 시장 무정부성이 반복적으로 언급되는데, 이것은 필연적으로 뛰어난 형태의 합리적, 의식적, 노동자 통제하의 계획으로 대체될 것이다. 트로츠키는 정말로 "통제

경제의 필요성, 산업에 대한 국가 지도의 필요성, '계획'의 필요성은 오늘날 파시스트에서 사회민주주의까지 거의 모든 현재의 부르주아와 프티부르주아적 경향들에 의해 적어도 입으로는 승인되고 있다"고 말한다.[105]

그러나 트로츠키는 시장 메커니즘이 경제 계획을 수립하는 데 한 부분이 되어야 한다는 생각이 확고했다. 1932년에 쓴 비평서 『위험에 처한 소비에트 경제The Soviet Economy in Danger』에서 그는 다음과 같이 말했다.

경제의 살아있는 수많은 참가자, 즉 정부와 민간, 집단과 개인은 단지 계획 위원회의 통계적 계산을 통해서만이 아니라 수요와 공급의 직접적 압력을 통해 자신들의 필요와 그 상대적 강도를 인지시키는 데 기여해야만 한다.[106]

이러한 관점에서 보면 로스앤젤레스 시스템은 자본주의적인 '자유 시장' 탈규제가 아니다. 시는 주차를 소비자를 얻기 위해 경쟁하는 민간 기업에 넘기지 않았다. LA 급행 주차 실험은 실제로 중앙 계획의 모범적인 경우다. 이 도시는 생산 목표를 정하는 것으로 시작하는데, 거리마다 하나의 빈 주차 공간을 유지하는 것이다. 감지기와 가격 알고리즘으로 구성된 복잡한 시스템은 목표를 충족시키는 가격 신호를 만들어내는 데 사용된다. 근본적인 방식에서 자본주의 시장의 인과관계 화살표는 거꾸로 되어있다. 시장 가격의 변동이 예측 불가능한 수준의 생산으로 귀결되기보다는, 생산 목표가 먼저 나오고 가격은 할당량에 좌우되는 것이다.

시장에 반대하는 또 다른 주장이 있다. 그것은 시장이 단지 무정부적이고 비효율적인 것일 뿐만 아니라, 자본주의와 착취를 영구화하는 이데올로기적 신비화를 유발한다는 것이다. 마르크스주의 정치학자 버텔 올먼은 종종 이렇게 주장한다. "중앙계획 사회의 중요한 장점은 잘못에 대한 책임이 누구에게 있는지 알기 쉽다는 점이다."[107] 이것이 민주주의적 책임을 위한 전제다. 왜냐하면 "오직 시장 신비화를 비판하는 것만이 마땅히 비난받아야 할 곳, 말하자면 자본주의 시장과 그것을 지배하는 계급을 비난할 수 있게 하기 때문이다."[108]

그러나 이 비판 또한 잘못된 것이다. 가격 신호와 시장의 존재에도 불구하고, 누가 변동하는 새로운 가격 계량기 체제에 책임이 있는지는 불가사의가 아니다. 시의 자문가인 숍의 주장에 따른 로스앤젤레스시가 책임이 있는 것이다. 설계자를 직접 알 수 있게 하는 것이야말로 이와 같은 프로 젝트가 공짜 주차를 당연한 권리로 여기는 사람들, 그리고 교통량이 많은 곳으로 들어가는 운전자들에게 요금을 부과 함으로써 교통 정체를 완화하는 정체 요금과 같은 정책에 반대하는 사람들 사이에서 논란이 되는 이유다. 이것은 탄 소세와 같은 기후정책들이 우파들의 공격에 취약해지는 이 유 중 하나이기도 하다. 아무리 '시장-기반' 옷을 입었더라 도 그 정책이 정부 국회의원들과 관료들로부터 시작한다는 사실을 모두가 안다.

LA 급행 주차를 비롯하여 이와 같은 모든 시스템의 진짜 실패는 그것들이 지극히 불평등한 자본주의 사회에 존재한 다는 것이다. 이 같은 사회에서는 하나의 주차 공간에 6달 러를 내는 것은 가난한 사람에 비해 부자에게는 적은 돈이 라는 것을 의미한다. 그래서 이 시스템은 본질적으로 불평 등하다. 해답은 시장계획 체제를 공격하는 것이 아니라 그 배후에 존재하는 불평등을 전복하는 것이다. 궁극적으로 이것은 자본주의 자원배분 체계를 극복하고 부를 평등하게 지배하는—다시 말해 "지급 수단의 배분"(2장에서 인용된 고르의 구절을 사용하면)이 근본적으로 평등한—세상으로 나아가는 것을 의미한다.

그러나 거기에는 미치지 못하더라도, 약탈을 일삼는 일부의 '공유 경제' 사업을 좀 더 평등주의적인 것으로 바꿀 방법이 있다. 예를 들어 경제 저술가인 마이크 콘잘은 '우버를 사회화'하는 계획을 제안한다.[109] 그는 기업의 노동자들은 대부분 자본—자신들의 자동차—을 이미 소유하고 있기 때문에, 노동자 협동조합이 우버 앱처럼 작동하지만 몇 안 되는 실리콘밸리 자본가들보다는 노동자들이 스스로 통제하는 온라인 플랫폼을 세우는 것이 비교적 쉬울 것이라는 점을 지적한다.

만일 현재 시장 사회를 이토록 야만적으로 만드는 불평등과 맞싸울 수 있다면—생태사회주의자이자 《자코뱅》 매거진 편집자 알리사 바티스토니가 버지니아 울프를 인용하여 말하듯 "햇살이 비치는 가운데 살아서"—우리 모두가 자본주의와 기후변화를 둘 다 똑같이 잘 헤쳐나가면서, 생태적으로 제약된 세계에서 소비를 잘 편성하기 위하여 시장 메커니즘을 효율적으로 사용할 기회가 생길지도 모른다.[110]

사회주의는 한계가 있는 사회지만, 그것이 자유로운 세계가 될 수 없다는 뜻은 아니다. 1장에서 논의한 바와 같이 공산주의 또한 한계를 가지고 있다. 그러나 공산주의의 한계는 온전히 인간의 사회적 관계 내부에 있다. 사회주의에서는 우리가 살고 있는 물리적 환경에 의해서도 한계가 부여된다. 비록 마음껏 소비하지는 못하지만, 우리는 여전히 노동의 감소를 최소한도로 할 수 있다. 생태적 재건을 필요로 하는 일을 자산을 가진 사람들에 좌우되지 않고 공평하게 나눌 수 있다. 그것은 가끔 힘들고 어려운 일이 될 수 있다. 어쨌든 이 장을 재활용을 위해 아스팔트를 뜯어내는 사람들의 이야기로 시작했는데, 사실 직접 아스팔트를 뜯어내 본 사람으로서 그 일은 권하고 싶지 않다. 그래도 다른 경우들에서는 우리가 하는 일이 사람들에게 만족과 재미를 느낄 수 있게 만든다. 로보비를 설계하는 것이건 혹은 주차 알고리즘을 설계하는 것이건, 사회주의 생태학은 생태사회주의 미래 속 약간의 공산주의라는 설득력 있는 도전들로 가득하다.

달리 말하면 사회주의의 미래는 자신의 복제기 배급표를 사용하고 생태 재건 군단에 출근하는 것만큼 재미없을지도 모른다. 혹은 우리의 행성을 적어도 우리와 현재 살아있는 다른 생물 일부를 계속해서 부양할 곳으로 재건하여, 사람이 살 수 있는 행성으로 만드는 것만큼 원대한 것이 될 수 있다. 다르게 표현하면 완전히 새로운 하나의 자연을 만들고 우리가 여전히 그 안에 존재할 장소를 가지고 있음을 보증하는 일이 될 수 있다는 것이다.

이 세계는 공산주의 미래라는 들뜨고 즉흥적인 느낌은 없을지 모르나, 여전히 모든 사람이 살기 좋은 곳이 될 수 있다. 또한 우리가 검토할 마지막 미래보다 훨씬 이야기할 것이 많은 세계다.

| 4 |

불평등하고 결핍된 사회

절멸주의

닐 블롬캠프의 2013년 영화 〈엘리시움〉은 2154년의 디스토피아 지구를 그린다. 소수의 엘리트—말하자면 1%—는 지구를 버리고 엘리시움이라 불리는 우주정거장을 향해 떠났다. 그곳에서 그들은 안락하고 여유로운 삶을 즐기며, 기적적인 '메드 베이Med-Bay' 장비를 이용함으로써 외관상으로는 불멸의 삶을 영위한다. 반면 붐비고 오염된 지구에서는 나머지 인류가 로봇 경찰력의 지배를 받으면서 산다. 영화의 줄거리는 방사선에 노출된 맥스(맷 데이먼)를 중심으로 진행되는데, 그는 지구에 발이 묶인 하층민의 일원이다. 맥스는 접근이 금지된 엘리시움으로 침투해 그곳의 기적적인 의료장비를 사용하고자 한다.

〈엘리시움〉에서 정치경제학을 뽑아내기는 좀 어렵지만, 몇 가지 암시하는 주제는 드러난다. 가장 중요한 것은 엘리시움의 부자들이 특별히 눈에 띄게 지구에 경제적으로 의존하지는 않는다는 점이다. 영화가 시작할 때 맥스가 일하는 공장이 나오는데, 엘리시움 엘리트 중의 한 사람이 운영하는 곳이다. 그 공장은 오로지 무기나 로봇을 생산하는 것이 목적인데, 이들 무기나 로봇은 각각 지구에 살고 있는 사람들을 통제하기 위해 생산된다. 지구에 사는 사람들은 대부분 프롤레타리아트라기보다는 강제수용소의 수감자들처럼 보인다. 그들은 노동력을 착취당하는 것이 아니라 수용시설에 갇혀있다. 〈엘리시움〉의 정치경제학은 그래서 『헝거게임』의 경우와 다른데, 『헝거게임』에서는 수도 판엠의 상류층 생활이 수도를 둘러싼 가난한 사람들이 생필품을 생산하는 '구역'에 의해 유지된다.

〈엘리시움〉의 결말은 부자들의 생활 방식이 모두를 위한 호화로움, 영생과 함께 모든 사람에게 일반화할 수 있음을 시사하는 듯하다. 그러나 이것이 분명치는 않다. 앞 장에서 나는 계급적 위계가 존재하는 상황에서 탈결핍 사회가 도래한다면, 지적재산에 중심을 둔 지대 경제의 형태를 띨 가능성이 매우 크다고 제시한 바 있다. 〈엘리시움〉은 좀 다르게 보인다. 우리의 위계-평등, 결핍-풍요의 축에서 네 번째 조합, 모든 사람의 결핍이 완전히 극복되지 않았지만 소수의 엘리트에게는 극복된 세계다.

소수를 위한 공산주의

아이러니하게도 엘리시움의 안전한 장소에서 사람들이 누리는 삶은 앞에서 묘사한 공산주의 시나리오와 별로 다르지 않아 보인다. 차이는 물론 소수를 위한 공산주의라는 점이다. 그리고 우리는 현재의 경제가 이미 이 방향으로 향하는 경향을 볼 수 있다. 스트로스가 지적한 대로, 가장 부자인 사람들은 대부분의 재화가 사실상 공짜인 세상에 살고 있다. 말하자면, 음식, 주택, 여행 그리고 다른 편의시설들에 비해 그들의 부가 상대적으로 너무 커서 비용에 대해서는 거의 아무런 고려도 할 필요가 없다는 것이다. 무엇을 원하건, 그들은 그것을 가질 수 있다.

그래서 가장 부자인 사람들에게 세계 시스템은 이미 앞에서 묘사한 공산주의를 닮아있다. 물론 차이점은 있다. 탈결핍 상황이 기계에 의해서 가능해진 것이 아니라 전 세계 노동계급의 노동으로 가능해졌다는 것이다. 미래의 발전에 관한 낙관적 견해―내가 앞에서 공산주의로 묘사했던―는 어떤 의미에서 궁극적으로 우리 모두가 1%에 들어가는 상태에 도달하리라는 것이다. 깁슨이 한 유명한 말처럼, "미래는 이미 여기에 와 있다. 다만 그것이 고르게 퍼지지 않았을 뿐이다."[111]

그러나 부자들이 오늘날 누리는 표준적인 물질생활을 모든 사람이 누리기에는 자원과 에너지가 부족하다면 어떻게 될까? 생산에 있어서 대규모의 프롤레타리아 노동을 더 이상 필요로 하지 않는 미래에 도달했지만 모든 사람이 마음껏 소비할 수 없다면 어떻게 될까? 만일 우리가 평등사회로서 그런 세계에 도달한다면, 그 사회체제는 앞 장에서 논의한 함께 나누는 생태 보존shared conservation이라는 사회주의 체제와 유사할 것이다. 그러나 반대로 우리가 사는 곳이 여전히 특권화한 엘리트와 학대에 시달리는 대중으로 양극화된 사회라면, 예상 가능한 경로는 훨씬 암울해진다. 부자들은 복제기와 로봇이 필요한 모든 것을 제공해준다는 것을 알고 안심하고 지낼 것이다. 나머지는 어떻게 될까?

위계화되고 자원이 부족한 세계에서 생산의 자동화로 인해 생기는 가장 큰 위험은 지배 엘리트의 시각에서 볼 때 불필요한 인구를 엄청나게 만들어낸다는 것이다. 이것은 자본과 노동 간의 적대감이 이해의 충돌과 동시에 상호 의존

관계—노동자들은 스스로 생산수단을 지배할 수 없기 때문에 자본가에게 의존하고, 반면 자본가들은 공장과 점포를 가동하기 위해서 노동자들을 필요로 한다—를 특징으로 했던 자본주의와는 대조적인 것이다.

상호의존성은 사실 과거 많은 사회주의 운동에 희망과 확신을 주었다. 사고는 이렇게 전개됐다. 자본가가 우리를 미워할지 모르지만 그들은 우리를 필요로 한다. 이러한 사실은 우리에게 힘과 그들에 대한 영향력을 준다. 노동과 사회주의의 깃발 "연대여 영원하라"아래서 노동자들이 승리할 수밖에 없는 이유는, "그들은 힘들여 일하지 않고 벌어들인 엄청난 돈을 움켜쥐었다. 하지만 우리의 두뇌와 근육이 없이 기계는 단 한 바퀴도 돌지 않기"때문이었다. 그런데 로봇의 부상과 함께 두 번째 줄은 더 이상 성립하지 않는다.

빈곤하고 경제적으로 불필요한 일반 대중의 존재는 지배계급에 엄청난 위험을 부과한다. 이들은 자연스럽게 눈앞에 닥친 몰수행위를 두려워할 것이다. 위험에 직면하여 몇 가지 방향의 조치가 취해진다. 적어도 자원 제약이 너무 빠듯하지 않다면 부자들이 자신의 부를 사회복지 프로그램의 형태로 나눔으로써, 일반 대중에게 어느 정도의 자원을 재분배할 수 있다. 그러나 이 해결책은 부자들의 생활에 잠재적으로 결핍이라는 문제를 다시 끌어들인다. 게다가 일반 대중의 편의 수요를 증대시키기 십상이어서, 이 해결책은 몰수의 두려움을 다시 한번 불러일으킨다.

근본적으로 복지국가의 최고조기, 즉 대공황과 제2차 세계대전 이후에 이러한 일이 발생했다. 한동안 튼튼한 사회적 편익과 강력한 노동조합이 높은 이윤 및 고속 성장과 동시에 존재하였고, 노동과 자본은 쉽지 않은 평화를 누렸다. 그러나 바로 그 번영은 노동자들이 노동 조건에 대하여 점점 많은 권력을 요구할 수 있도록 하는 상황으로 귀결됐다. 자본가들은 이윤과 사업장 통제, 두 가지 모두가 그들의 손에서 빠져나가는 것을 두려워하기 시작했다. 자본주의 사회에서 이것은 피할 수 없는 긴장이다. 자본가는 노동자를 필요로 하면서도, 그들의 잠재적 힘을 두려워한다.

그런데 만일 일반 대중이 위험하지만 더 이상 노동계급이 아닌 상황이라면, 그래서 지배자들에게 아무런 가치가 없는 상황이라면 어떤 일이 일어날까? 누군가는 점차 그들을 제거하는 편이 더 나을 것이라는 생각을 하게 될 것이다.

절멸의 마지막 단계

1980년에 마르크스주의 역사가 에드워드 파머 톰슨은 냉전과 상존하는 핵에 의한 절멸의 위협을 성찰하는 「절멸주의에 관한 노트, 문명의 마지막 단계」라는 글을 썼다.[112] 그는 자본주의와 공산주의 경제 모두가 군국주의와 전쟁의 기술을 향해 점점 나아가고 있음을 고찰하였다. 그가 생각하기에 계획경제였던 소련이든, 자본주의 시장경제인 미국이든, 경쟁하는 상대편이 더 큰 정치경제를 갖지 못하도록 막기 위한 수단으로만 무기 경쟁과 군사화를 이해하는 것은 적절치 않은 태도였다. 자본주의 부자 나라에서 군산복합체는 경제의 더 많은 부분을 차지해가고 있었고, 소련도 마찬가지로 무기를 구축하는 데 갈수록 정신이 팔려있었다.

톰슨은 이러한 사회 구성을 이해하기 위해서는 새로운 범주가 필요하다고 제안했다. 그는 마르크스의 『철학의 빈곤』으로부터 유명한 구절을 인용한다. "맷돌은 봉건영주가 지배하는 사회를 낳고, 증기 제분기는 산업자본가가 지배하는 사회를 만들어낸다."[113] 즉, 사회의 중심적 경제관계가 변화하면서, 그 사회에서 모든 사회관계가 그것들과 함께 변화하는 경향이 있다는 것이다. 군사산업주의 논리에 맞서 톰슨은 "인류를 절멸시키는 수단을 생산해내면서 현재 작동하는 사탄 같은 제분기로부터 우리가 받은 것은 무엇인가?"라고 묻는다. 이것을 설명하기 위해 우리에게 필요한 범주는 '절멸주의'라는 것이 그의 대답이었다. 이 용어는 "어떤 사회를 결과적으로 반드시 일반 대중의 몰살을 가져오는 방향으로 밀어붙이는, 그 사회의 경제, 정치, 그리고 이데올로기 내부에서 서로 다른 정도로 표현되는 특징들"을 포괄한다.[114]

톰슨이 검토했던 특수한 지형은 대체로 사라졌다. 냉전도, 소련도 더 이상 존재하지 않는다. 러시아 또는 중국과 거대한 힘의 충돌을 재창출하려는 향수를 가진 군국주의적 네오콘들의 부단한 노력에도 불구하고, 그 결과는 톰슨의 머리를 떠나지 않던 핵공포의 그림자와는 비교할 수 없을 정도로 미미하다. 그래서 나는 그의 단어를 나의 네 가지 가상적인 사회의 마지막 조합인 또 하나의 체제를 말하기 위한 용도로 사용한다. 내가 묘사하려는 것은 그렇다 해도 여전히 "결과적으로 반드시 일반 대중의 절멸을 가져오는 방향으로 밀어붙이는" 또 다른 사회다.

우리는 여전히 중무장한 세계에 살고 있는데, 군사 예산은 톰슨이 그의 글을 썼을 때 그랬던 것만큼 큰 규모로 미국 경제의 비중을 차지하고 있다. 그러나 이른바 '테러와의 전쟁'으로 불리는 시대를 규정하는 갈등은 비대칭적인 것들로서, 기술적으로 선진화된 군대를 약한 국가 혹은 비국가 형태의 반란군과 겨루게 한다. 이러한 현장에서 배운 교훈은 국내 치안유지 활동 역시 군사화하는 결과를 낳는다.

지배계급이 노동계급의 노동을 착취하는 것에 더 이상 의존하지 않는 사회는 가난한 사람들을 그저 위험하고 불편한 존재로 여길 뿐인 사회다. 그들을 감시하고 억압하는 일을 정당화하기보다는 그냥 골칫거리로 여긴다. 여기에서 '대중을 절멸'시키는 방향으로 밀어붙이기 시작한다. 결국 종착점은 말 그대로 가난한 자들을 절멸시키는 것이다. 그래서 일반 대중을 최종적으로 털어내고, 부자들은 그들의 엘리시움에서 평화롭고 조용히 살 수 있도록 남겨진다.

노벨상을 받은 경제학자 레온티예프는 1983년의 글에서 이 책 전반에 걸쳐 고찰하는 대중 실업의 문제를 예상했다. 그가 조금 절제된 표현으로 "조금 충격적이지만 근본적으로 적당한 비유"라고 부르는 것에서, 그는 노동자들을 말에 비교한다.

어떤 사람은 이렇게 말할지 모른다. 노동의 역할을

감소시키기 위하여 새롭게 컴퓨터화하고 자동화한, 그리고 로봇화한 장비의 혁신적 도입으로 인해 예상할 수 있는 과정은 트랙터를 비롯한 기계들이 농업에서 처음에는 말을 비롯하여 짐을 끄는 동물들을 감소시켰고 그러고 나서는 완전히 이들을 제거했던 과정과 유사하다고.[115]

그가 지적하듯이, 대부분의 사람은 "인간의 관점에서 시킬 일이 없는 말들을 유지하는 것은 (…) 이치에 맞지 않을 것"이라는 결론에 이르게 되었다. 그 결과 미국의 말은 1900년 2150만 마리에서 1960년 300만 마리로 감소했다.[116] 레온티예프는 세기 중반의 전문가답게 사람들은 말이 아니기 때문에 우리가 모든 사회 구성원을 부양할 방법을 분명히 찾을 것이라는 자신의 확신을 계속해서 표현한다. 고르를 비롯한 임노동 비판자들에 공감하면서, 그는 "조만간 (…) '고용'에 대한 요구가 우선은 '생계' 즉 소득에 대한 요구라는 것이 받아들여지게 될 것이다."라고 주장한다.[117] 그러나 오늘날 지배계급의 오만하고 잔인한 태도를 감안할 때, 그것이 당연히 이루어지리라 생각하는 것은 도저히 불가능하다.

다행히 부자들도 이러한 최종 처리를 우선적 수단으로 선택하는 것을 어렵게 만드는 도덕규범을 발전시켜왔다. 그들의 첫 번째 단계는 단순히 가난한 사람들을 피해 숨는 것인데, 엘리시움의 등장인물들과 매우 닮았다. 그러나 단지 '과잉' 인구를 울타리 안에 몰아넣고 통제하는 것에서 점차 벗어나, 영구히 그들을 제거하는 것을 정당화하는 일로 나아가고 있음을 우리는 주변 어디에서나 볼 수 있다.

통제되어 고립된 사회를 떠다니는 부자들의 섬

사회학자 브라이언 터너는 우리가 '고립된 사회'에 산다고 주장한다.[118] 지구화 추세에서 이동성이 증가한다는 신화에도 불구하고, 우리는 사실 "정부를 비롯한 여러 기관이 울타리, 관료적 장벽, 법률적 배제와 등록" 수단을 이용하여 "필요하다면 공간을 규제하려 하고 사람과 상품과 서비스의 흐름을 비유동화 시키려는" 질서 속에 살고 있다.[119]

물론 엘리트들은 세계적이며 이동이 자유로운 반면, 일반 대중은 이동이 제한된다. 항공사가 운영하는 단골 라운지나 공공병원의 개인 병실과 같이 터너가 제시하는 몇 가지 예는 상대적으로 진부하다. 오히려 다른 것들이 더 심각한데, 부자들을 위한 외부인 출입제한 주택지(더 극단적인 경우에는 개인 소유 섬), 그리고 가난한 사람들이 거주하는 게토—여기에서 경찰은 가난한 사람들이 '부적절한' 구역에 접근하는 것을 막는 책임을 진다—와 같은 것들이다. 생물학적 격리와 이주 제한은 고립된 집단거주 개념을 국민국가 수준으로 범위를 확대했다. 모든 경우에 감옥은 그것이 연방 교도소든 혹은 관타나모만의 임시 수용소든 순종하지 않는 사람들에게는 최악의 디스토피아적인 집단거주지로 보일 것이다. 외부인 출입금지 지역, 개인 소유의 섬, 빈민촌, 감옥, 테러 의심, 생물학적 격리, 이러한 것들은 뒤집힌 범지구적 차원의 수용소에 해당하는데, 그곳에서 부자들은 고통의 바다에 흩뿌려진 아주 작은 부의 섬들에 살고 있다.

『왜 열대는 죽음의 땅이 되었나』에서 퍼렌티는 기후변화가 자신이 생태변화, 경제 불평등, 그리고 국가 실패의 '파멸적 수렴'이라 부르는 것을 초래하면서, 어떻게 이러한 질서가 세계의 위기 지역에서 창출되었는지를 보여준다.[120] 다수의 종족과 정치 분파들이 손상된 생태계가 선사한 줄어든 하사품을 놓고 싸우는 것과 같이, 식민주의와 신자유주의의 뒤를 따라 부자 나라는 가난한 나라의 엘리트들과 함께 무정부적 폭력 상태로의 붕괴를 촉진해왔다. 암울한 현실에 부딪히자 부자 중 상당수—국제적 차원에서 보면 거기에는 부자 나라들의 노동자들도 포함된다—는 무인 항공기와 돈을 주고 고용한 사병의 보호를 받으면서, 자신들을 지키는 요새에 방어벽을 치기로 했다. 감시노동은 지대사회의 특징인데, 운이 좋은 소수가 부자들을 경호하고 방어하는 사람으로 채용되면서 훨씬 악의적인 형태로 재등장한다.

집단거주지는 가장 빈곤한 사람들만을 한정해서 만들지 않는다. 전 세계적으로 부자들은 다른 사람들로부터 벗어나고자 하는 그들의 욕망을 드러낸다. 《포브스》의 2013년 기사는 부자들 사이에서 유행하는 더욱 정교한 주택 보안에 대한 열광을 다루고 있다.[121] 보안회사 이사는 그의 로스앤젤레스 집이 "백악관과 유사한" 보안활동을 한다고 자랑한다. 다른 회사들은 인프라 센서들, 안면인식 기술, 그리고 유독가스 연기나 호신용 액체를 분사하는 방어체계를 판매한다. 이 모든 것은 비록 부자지만, 대체로 익명이고 가상의 공격자로부터 눈에 잘 띄지 않는 사람들을 위한 것이다. 피해망상으로 보이지만, 경제 엘리트 중 많은 사람이 자신을 공격받을 수 있는 소수로 간주하고, 나머지 사회와 전쟁 상태에 있는 것으로 생각하는 것 같다.

실리콘밸리는 부호들이 공공연하게 '분리 독립'에 대해 이야기하는 정서의 온상이다. 한 샌프란시스코 유전자공학 회사의 공동창업자인 발라지 스리니바산은 널리 유포된 연설에서 창업기업가 청중에게 "우리는 미국 바깥에 기술로 작동하는 옵트인* 사회를 세울 필요가 있다"고 말했다.[122] 그것은 자신과 같은 부자들의 삶이 노동자들에 의해서 뒷받침되기 때문에 가능하다는 사실에 대한 그의 무지와 더불어 자만심을 나타낸다. 그런데 이는 잉여 인구로 간주되는 사람들과는 담을 쌓아 부자들을 분리하려는 충동을 증명한다.

옵트인 사회로 도망치는 것보다는 덜 극적이지만, 다른 경향들 역시 충격적이다. 미국 전역에 걸쳐 부촌 주민들은 이웃의 위협으로부터 자신들을 방어하기 위해 개인 경비를 고용하기 시작했다. 오클랜드에서는 작은 그룹의 이웃들이 뭉쳐 자신들을 위한 공동 경비원을 고용한다. 심지어 어떤 지역은 남들보다 앞서 크라우드펀딩 캠페인으로 9만 달러를 모금하기도 했다.[123] 이렇게 하여 경비노동자 계층이 증가한다.

그뿐이 아니다. 대중으로부터 숨은 채 완벽하게 갖추어진 도시를 건설하려는 사람들도 벌써 존재한다. 나이지리아 라고스의 연안에서 떨어진 곳에, 한 무리의 레바논 개발자들

_____

*사전동의. (옮긴이 주)

이 25만 명이 거주할 수 있는 특정 집단 전용 도시인 에코아틀란틱을 건설 중이다. 이 도시는 "최소한의 탄소 배출로 깨끗하고 에너지 효율적인, 지속가능한 도시"가 될 예정이다.[124] 하루에 1달러도 안 되는 수입으로 살아가면서 비공식 경제에서 기웃거리며 돌아다니는 수백만의 인근 나이지리아 사람들을 피해, 엘리트들은 이곳으로 올 것이다. 또 다른 섬인 맨해튼 역시 세계적 부자들의 집단 거주지로 점차 바뀌어가고 있다. 2014년에 500만 달러 이상 가격으로 판매된 맨해튼 부동산의 반 이상은 외국인 또는 유령회사를 내세운 익명의 매수자들(그들 대부분은 미국인이 아닌 것으로 추정된다)에게 돌아갔다.[125] 이러한 부동산 구매는 외국인 부자들이 고국에서 사회적 불안이 있을 경우 착륙장이 될 뿐만 아니라, 돈을 세탁하여 뒤를 캐는 정부를 피해 숨는 이중의 역할을 한다.

피해망상과 무미건조한 소비 사이의 교차점에 비보스가 있다. 비보스는 웹사이트에서 "지체 높은 가족을 위한 궁극적 생명 보장책"을 약속한다. 그 회사는 80개의 아파트가 들어가는, 방사선 차단 초대형 벙커를 독일 산속에 건설 중이다. 이것은 예사 방공호가 아니라, 온통 가죽과 스테인리스 용품으로 도배된 벼락부자들의 호화 아파트다. 회사 창업자 로버트 비시노는 '바이스' 웹사이트에, 이 복합건물을 '지하 요트'와 비교할 수 있다고 묘사했다. 겨우 250만 유로나 그보다 조금 더 되는 돈이면, 여러분도 유행을 따라 대재앙이 끝나기를 기다릴 수 있다. 비보스는 《포브스》가 '억만장자 벙커' 산업이라 부르는 것 중 한 가지 예에 불과하다.[126]

집단거주에서 대학살로

오늘날 우리는 벤처기업 투자자인 톰 퍼킨스와 같이 세상과 동떨어져 살아가는 억만장자들을 비웃는다. 그런데 그는 2014년에 부자에 대한 비판을, 1938년 나치 독일에서 유대인을 공격했던 수정의 밤에 견준 사람이다.[127] 보석 브랜드 카르티에 이사인 요한 루퍼트는 어떤가? 그는 2015년 파이낸셜 타임스 콘퍼런스에서 가난한 사람들이 반란을 일으킬 가능성이 "나를 밤에 깨어있게 하는 것"이라 말했다.[128] 그러한 견해가 혐오스럽기는 하지만 그들의 논리마저 결여된 것은 아니다. 초불평등과 대중 실업의 세계에서는 대중을 잠깐 매수할 수 있다. 그리고 나서 그들을 힘으로 억압하려 시도할 수 있다. 그러나 궁핍한 무리가 존재하는 한, 그들을 궁지에 몰아넣는 것이 어느 순간 불가능해질 위험은 있다. 대중의 노동이 쓸모없게 되었을 때, 마지막 해법이 숨어서 기다린다. 가난한 자들을 상대로 한 부자들의 대량학살 전쟁이다. 여기서 자동화의 유령이 다시 나타나는데, 전과는 매우 다른 방식이다. 지대주의에서 자동화는 불완전고용과 낮은 수요로 향하는 사회체제의 경향을 강화하면서, 노동자들을 점점 쓸모없게 만드는 경향을 보일 뿐이었다. 절멸사회는 지배자들과 그 하수인들이 자신들의 행위 결과로부터 거리를 유지할 수 있도록, 억압과 절멸의 과정을 자동화하고 기계화할 수 있다.

그러나 억압에서 전면적인 절멸까지의 마지막 변화가 실제로 일어날까? 그러한 이행의 지체는 팔레스타인을 점령한 이스라엘에서와같이 계급 갈등이 국가적인 갈등으로 압도되는 곳에서 가장 먼저 나타난다. 한때 이스라엘은 값싼 팔레스타인 노동력에 크게 의존했다. 그러나 정치경제학자인 애덤 하니에가 보여주었듯이, 1990년대 후반 이래 이 노동자들은 아시아나 동유럽에서 온 이주 노동자로 대체되어 왔다.[129] 그렇게 팔레스타인 노동자들이 불필요해지면서, 이스라엘은 시온주의 정착 프로젝트를 추진하는 데 더욱 광적인 양상으로 빠져들어 갔다. 2014년 이스라엘 정부는 가자지구를 공격하면서, 심지어 병원, 학교, 발전소를 폭격하고 남자와 여자, 아이들을 무차별적으로 죽이고 건물의 상당 부분을 완전히 파괴하면서도, 터무니없는 겉치레로 '자기방어'라는 주장을 했다. 이스라엘 국회의원들은 인종학살을 공공연하게 요구하기도 했다. 그중 한 사람인 아옐렛 사케드는 "모든 팔레스타인인은 적이다."라고 주장했다. 이러한 주장을 근거로 그녀는 "노인과 여성, 도시와 촌락, 재산과 사회기반 시설을 포함하여" 가자 전체의 파괴를 정당화했다.[130]

이스라엘의 가자 전투에 대하여 미국 정치계급이 거의 한결같이 지지하였음에도 불구하고, 미국인인 자신들은 그런 잔혹 행위를 당할 염려가 없다고 생각할지 모른다. 그러나 노벨 평화상 수상자인 버락 오바마 대통령은 정당한 법절차라는 겉치레 없이도 미국 시민을 죽일 권리를 요청했다. 오바마 정부는 심지어 표적이 되는 사람들의 신원을 꼭 알 필요가 없는데도 그들을 확인하기 위하여 알고리즘 방법을 사용한다.

2012년에 《워싱턴포스트》는 '킬 리스트'라 불리는 것에 관한 의혹 기사를 실었다.[131] 이것은 오바마 행정부의 '다음 세대 표적 리스트'로, 테러리스트 혐의자로서 익명의 드론 암살용으로 표시가 된 모든 외국인을 추적하는 데 사용되는 일종의 죽음 계산표spreadsheet of doom였다. 그 기사는 관리들의 소름 끼치는 의견으로 가득했다. 그 중 한 사람은 살인 드론이 "당신의 잔디 깎는 기계와 같다." 즉, 아무리 많은 테러리스트를 죽이더라도 "잔디는 다시 돋아날 것이다."라고 말한다. 기한이 정해지지 않은 살해 절차를 간소화하기 위해, 그 과정은 부분적으로 자동화된다. 《워싱턴포스트》는 심지어 살해할 대상자의 신원이 불명확한 때조차 (⋯) CIA와 합동특수작전사령부로 하여금 행동 패턴을 근거로 표적을 공격하는 이른바 '특징 공격signature strike'을 위한 알고리즘 개발을 소개했다.[132]

그러한 행위는 수많은 미국인의 지지를 받았다. 애석하게도 외국인을 비롯하여 자기와 다른 사람으로 보이는 이들의 죽음에 대한 이러한 무관심은 미국이 전쟁을 도발했을 때 나타나는 특징적인 반응이 된 지 오래다. 그러나 절멸주의적 사고방식은 미국 내에서도 반향을 불러일으키고 있다. 미국에서 다루기 힘든 잉여의 사람들을 없애는 것에 기꺼이 동의하는 것은 인종주의와 긴밀히 얽혀있는데, 이 역시 의문의 여지 없는 계급적 현상이다. 이는 현재 200만 명을 감금한 감옥 체계에서 볼 수 있는데, 이들 중 많은 사람이 비폭력 약물범죄로 수감되어 있다. 연방대법원 대법관 앤서니 케네디가 캘리포니아 감옥의 과밀 수용에 관하여 밝힌 견해에서, "문명화된 사회에서는 있을 수 없는 곳"이라면서 "인간의 존엄성 개념과 양립 불가"라 부른 상황에서 그런 경우가 많다.[133]

오랫동안 미국의 감옥 체제는 그 바깥에 머무르는 사람들을 매수하는 한편, 철창 안에 갇힌 실업자들을 통제하는 한 방법이 되어왔다. 루스 윌슨 길모어는 그녀의 캘리포니아 감옥 체제에 대한 분석에서, '황금 수용소' 건립으로 인한 엄청난 투옥 증가를 묘사한다.[134] 정부의 사회복지 사업에서 소외되고 직업이 없는 도시 청년들은 경찰의 무자비한 표적이 되고 있다. 이 청년들은 매우 엄격한 마약법과 캘리포니아의 '삼진아웃제' 조항에 걸려 장기간 감옥에 갇힌다. 그 사이 이로 인해 급증하는 감옥 건설은 경기가 침체된 주의 농촌 지역에 일자리를 제공한다. 농업노동이 자동화되거나 혹은 초저임금 이주 노동자들에게 옮겨가고 제조업 일자리가 산업공동화로 사라지면서, 이러한 지역에서 감옥 건설 및 관련 노동은 마지막으로 남아있는 보수가 좋은 노동 중 하나가 되어가고 있다.

심지어 징역형 처분 판정도 알고리즘에 맡길 수 있는데,

이것은 관리들이 감옥을 짓는 데 차지한 자신들의 적극적인 역할을 부인하기에 좋다. 오늘날 적어도 미국의 20개 주가 소위 '증거기반판결'을 사용한다. 그 명칭은 악의가 없어 보인다. 누가 증거의 사용을 반대할 수 있겠는가? 버지니아 주립대학의 법률 교수이자 그 방법의 주창자인 리처드 레딩은 '투명'하고 '완전히 합리적'이지 않은 판결 기술을 사용하는 것은 심지어 '비윤리적'일 수 있다고 주장하기에 이른다.[135] 레딩 자신의 설명에 따르면, 증거기반판결의 요소들은 어떤 사람이 저지른 범죄뿐만 아니라, 그들이 미래에 저지를지도 모르는 것들, 즉 '상습범행의 가능성을 증가'시키는 '위험 요소' 및 '범죄를 야기할 필요'도 포함된다. 이러한 점에서 '미래 범죄 위험'이라는 이 모형은 불편하게도 필립 K. 딕의 『마이너리티 리포트』(톰 크루즈가 출연하기도 한 영화)의 디스토피아에 버금간다. 이야기 속에서 '사전범죄'국은 아직 범죄를 저지르지 않은 사람들을 그 범죄 혐의로 체포한다.

오늘날은 심지어 우파의 일부조차도 가끔 재정비용 측면에서, 많은 사람을 투옥하는 것에 이의를 제기한다. 그런데 만일 죄수나 감옥 경기로 인해 이익을 보는 노동자들을 실질적으로 부양하려는 다른 노력이 없다면, 이 할 일 없는 인구는 어떻게 될 것인가? 가끔은 감옥에 보내지는 사람이

행운아일 때도 있다. 폭력에 쉽게 의존하는 환경에 깊이 젖어서, 경찰은 통상적으로 경범죄를 저지른 것으로 의심되는 사람이나 혹은 전혀 잘못을 저지르지 않은 사람들을 심하게 다치게 하거나 죽인다. 경찰의 잔인성은 새로운 것이 아니지만, 두 가지가 달라졌다. 이들은 더욱 군사화되고 있고 더욱 중무장하고 있다. 반면 인터넷과 도처에 깔린 비디오 녹화 장비로 인해 그들의 행위를 상세히 기록하는 것이 더욱 쉬워지고 있다.

래들리 발코는 경찰의 군사화를 '경찰 전사'의 출현으로 묘사한 바 있다.[136] 경찰은 군대식 복장을 하고 군사 용어로 생각한다. 원래 고강도의 위험에 대처하기 위해 만들어진 중무장한 준군사 부대인 경찰특공대 SWAT 팀은 현재 일상적으로 배치된다. 1970년대 SWAT 팀의 불시단속은 1년 동안 미국 전역에 걸쳐 수백 건 정도였으나, 오늘날에는 매일 100건에서 150건 정도 있다. 이러한 불시단속은 종종 마리화나 보유 혹은 도박 같은 경범죄에 대응해서 이루어진다. 불시단속은 면허증 검사와 같은 '현장조사'를 가장하여 체포영장 없이도 할 수 있다. 불시단속을 보여주는 몇몇 비디오들은 인터넷에서 찾아볼 수 있다. 이 비디오들은 중무장한 부대가 30그램도 안 되는 마리화나 때문에 어떤 사람의 집을 급습하는 것을 보여주는데, 믿기 힘든 공포를 느끼게 한다.

그 결과 용의자와 그 가족들의 사망과 부상이 끊이지 않는다. 발코가 길게 기록한 것처럼 때로는 SWAT 팀이 혐의자로 오인하고 집에 잘못 쳐들어가는 경우도 있는데, 흔히 있는 시나리오다. 그는 2003년 57세의 공무원 앨버타 스프릴이 집에서 심장마비로 죽은 사건을 예로 든다. 뉴욕 경찰국이 익명의 제보를 받고 마약 거래상으로 생각했던 집에 섬광탄을 던진 후 일어난 일이다.

설령 그들이 제대로 된 주소를 가지고 있는 경우라도, 군사화된 경찰의 대응은 신고자조차 전혀 의도하지 않았던 혼란과 파괴를 가져올 수 있다. 2015년 다큐멘터리 〈보안관 Peace Officer〉은 전직 유타 카운티의 보안관 덥 로렌스의 이야기를 들려준다. 덥은 사위가 SWAT 팀 경찰의 총에 맞아 죽은 후 경찰 비판자가 되었는데, 애초에 여자친구에 대한 가정폭력 판정으로 격리 명령 기간에 있던 경찰의 총에 덥의 사위가 살해되었던 것이다.[137]

거리에서도 역시 경찰의 위험은 상존하는데, 특히 흑인과 갈색 인종에 대해서 그렇다. 2014년 7월 뉴욕주 주민인 에릭 가너는 경찰에 의해 목을 제압당한 상태에서 숨졌다. 세금을 내지 않는 낱개 담배를 판다는 혐의였다. 그의 죽음은 엄청난 논란을 불러일으켰다. 부분적으로는 그 사건이 휴대전화 카메라에 잡혔기 때문이기도 하지만 너무나 일상적으로 일어난다는 점에서 관심을 끌었기 때문이다. 얼마 지나지 않아, 미주리주 퍼거슨 거리에서 마이크 브라운이 총에 맞아 쓰러졌는데, 이것은 전국적 운동의 불길에 기름을 끼었었다. 구체적인 충돌 상황은 논란 중이지만, 브라운이 비무장이었고 그를 쏜 경찰이 거리를 무단 횡단하는 중대 범죄에 대해 전투를 개시했다는 점은 모두가 동의한다. 이 일은 미국 전역에서 일어난 유사한 사건들, 즉 수년간 끊임없이 이어진 폭력주의가 되풀이된 것이었다. 예를 들어 오클랜드에서는 경찰이 오스카 그랜트를 사살한 사건이 있었다. 이 일은 고속통근철도에서 일어나는 다툼을 보고하는 업무를 맡은 교통경찰관에게 그랜트가 억류되면서 일어났다. 행인의 휴대전화로 찍은 동영상에 나타난 것을 보면, 경찰관이 인종 차별적인 욕설로 고함을 친 다음, 제지당한 채로 플랫폼에 엎드린 상태의 그랜트를 쏜다. 이 사건은 '오클랜드를 점령하라'의 중요한 전조가 된 항의운동을 촉발했다.

　최근 경찰의 군사화는 정부가 흑인들의 자유운동과 반전운동을 억누르려 했던 1960년대의 사회적 격변에 그 뿌리를 두고 있다. 경찰을 점령군과 유사하게 전환시키는 것은 미국 제국주의와 해외에서의 전쟁 도발의 역사와 분리할 수 없다. 왜냐하면 경찰을 그렇게 전환하는 것은 문자 그대로도 그리고 상징적으로도 전쟁을 국내로 끌어들이는 것이기 때문이다. 역사학자인 줄리 쾰러 하우스만은 이러한 싸움을 베트남과 교차하여 설명하는데, '도시 밀림'이라는 형상화를 통해 "도시 경찰이 가난한 사람들 속에서 전쟁 같은 포위 작전에 복무하고 있다는 생각을 사회적으로 널리 수용하도록" 하는데 기여한다고 본다.[138] 군사화 과정은 '테러와의 전쟁' 시기에 가속화되었는데, 단지 가상적인 것으로서가 아니라 전쟁터로부터 국내 전선으로 무기를 이동시키는 것으로였다.

연방정부가 지방 경찰을 더욱 군대처럼 만들기 위한 구실로 반테러주의를 이용한 것과 함께, 군사화된 치안 유지 활동은 분산된 문화적 변화 이상의 의식적인 국가 전략으로 이해해야 한다. 많은 경찰관은 그들 자신이 참전용사여서, 이라크나 아프가니스탄 같은 곳에서의 경험 때문에 시민들의 죽음에 무감각하다. 미국 정부는 지역경찰제도 프로그램을 통해 참전용사를 고용하는 기관에 보조금을 우선 지급하는 방식으로, 전직 군인을 경찰관으로 전환시키는 것을 독려한다. 한편 그들이 사용하는 기술—지금 조그마한 소도시 거리까지 누비는 막대한 장갑 전투 차량—은 군사 장비를 고친 것이다. 미국 국토안보부는 크고 작은 경찰국이 그러한 장비를 구입할 수 있도록 '대테러' 교부금을 지급했다. 다른 기관들은 미 국방성의 1033 프로그램에 참여함으로써 비슷한 장비를 공짜로 얻을 수 있다. 이 프로그램은 이라크와 아프가니스탄에서 철군하며 나온 잉여 군사 장비를 배급하는 프로그램이다.[139]

그 결과 지뢰방호차량 엠랩MRAP이 인구 5350명의 플로리다의 하이 스프링스에 배치됐다.[140] 두꺼운 장갑판을 씌운 탱크처럼 생긴 이 차량은 원래 이라크와 아프가니스탄 반군의 폭발물로부터 병사를 보호하기 위하여 사용됐던 것이다. 그런데 중부 플로리다에 반군이 존재한다는 것은 대부분 사람에게는 가당치도 않은 일이었다. 그래서 하이 스프링스의 경찰서장이 엠랩을 받은 이후 사용해보지도 않았고, 따라서 다른 기관으로 그것을 옮겨주기 바란다고 보고한 것—이것은 경찰의 온전한 정신 상태를 보여주는 드문 예다—은 놀라운 일이 아니다. 그러나 다른 부처들은 탱크와 방탄복을 펼쳐놓고 기뻐한다. 우리는 이러한 사진과 영상에 빠르게 익숙해져왔다. 이러한 이미지들은 파울 페르후번의

1987년 영화 〈로보캅〉을 연상시킨다. 이 영화는 당시에 군사화된 가까운 미래의 디트로이트를 터무니없이 과장되게 디스토피아적으로 묘사하려한 영화였다.

경찰 전사는 단지 전철 탑승자와 담배 행상자, 불법 도박자나 간헐적 마리화나 흡연자 개개인에게만 위험한 것은 아니다. 이들의 운명은 미국이나 세계 전역에서 볼 수 있는 것과 같이 정치적 동원의 운명에 매여 있다. 대중 시위는 이집트나 중국처럼 일반적으로 권위주의적인 국가로 간주되는 나라에서만이 아니라, 모든 곳에서 이미 폭력적으로 억압되고 있다. 시민자유기구국제네트워크INCLO의 2013년 보고서에는 캐나다에서 이집트, 케냐, 남아프리카공화국, 미국에 이르기까지 곳곳에서 "사회적 정치적 견해를 표현하기 위한, 대체로 평화적인 집회에 대응하여 치명적이고 살인적인 폭력의 사용"이 광범위하다고 쓰여있다.[141] 점령시위 운동occupy movement에 대한 탄압이 그 한 예인데, 전국 곳곳의 도시에서 일어난 기갑경찰 부대의 폭력을 보여준다. 한편 전 NSA 내부고발자 스노든을 비롯한 여러 사람에 의해 폭로된 국가의 감시기술은 반대의견을 억누르고 활동가들의 활동을 감시하는 국가의 수단이 얼마나 강력한가를 잘 보여준다.

이러한 맥락으로 볼 때, 비인간적인 감옥, 폭력적인 경찰의 탄압, 그리고 간헐적인 즉결 처형으로부터 더욱 체계적인 형태의 인명 제거로 옮겨가는 것을 상상하는 게 점점 쉬워지고 있다. 무인 전투 드론의 향상된 성능과 결합하여 알고리즘화된 표적화는, 폭력을 행사하는 사람을 표적으로부터 거리를 둠으로써, 집단 살해에 따른 도덕적 불편함을 완화해준다. 무기를 조작하는 사람은 지하 격납고에 안전하게 앉아서 멀리 떨어진 곳의 살인 로봇을 조종한다. 이것은 스콧 카드의 『엔더의 게임』 세계에 다가간다. 그 이야기 속에서 한 어린이는 외계인 부족과 함께 전쟁 훈련을 받기 위해 모집된다. 마지막 훈련의 일부로 그 어린이는 자기가 태어난 세계 전체를 파괴하는 시뮬레이션에 참여한다. 물론 그것은 시뮬레이션이 아니었다. 어린 엔더는 인종 학살을 저지름으로써 실질적으로 전쟁을 끝낸다. 우리 세계에서는 상황이 그처럼 문자 그대로의 속임수로 펼쳐지지는 않을 것이다. 하지만 이 세계의 정치와 경제 엘리트들이 자신들은 대단한 인도주의자들이라는 확신을 여전히 갖고 있음에도 불구하고, 우리는 그들이 전에 없이 혹독한 고통과 죽음을 정당화하려 애쓰고 있다는 것을 이미 잘 안다.

미래는 이미 시작되었다

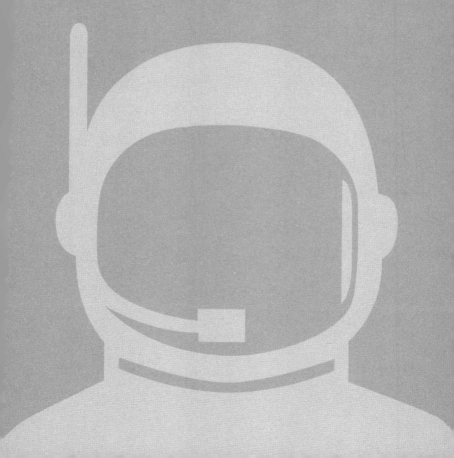

지금까지 강조해왔듯이 이 작업은 미래주의 활동이 아니다. 즉 사회 발전의 정확한 항로를 예측하는 것을 내 목적으로 삼지 않는다는 것이다. 그러한 예견들은 참혹하리만큼 잘 맞지도 않을 뿐만 아니라, 가만히 앉아서 수동적으로 운명을 받아들이라고 사람들을 부추기는 필연성의 분위기를 풍긴다. 이 책에 한 가지가 아니라 네 가지 미래가 존재하는 이유는 필연적으로 일어나는 일이란 없기 때문이다. 앞으로의 길을 결정하는 것은 우리에게 달려있다.

기후정의를 실현하려는 활동가들은 설령 그 방향을 결정하지는 못한다 하더라도, 현재 기후변화에 대한 절멸주의적 해결책보다는 사회주의적 해결책을 실현하려고 싸우고 있다. 그리고 씨앗에서부터 음악에 이르는 모든 것에 적용되는 엄격한 지적재산권에 반대하여, 지식에 대한 접근권을 위해 싸우는 사람들은 지대주의자들의 디스토피아를 막고 공산주의의 꿈을 살리기 위해서 싸우는 것이다. 싸울 만한 가치가 있는 운동들을 자세히 다루기 위해서는 분야별로 각각 몇 권의 책들이 필요할 것이다. 따라서 나는 불가능한 요약을 시도하지 않겠다. 대신 우리가 네 가지 미래를 단지 이상형이나 자족적인 유토피아로서가 아니라, 역동적이고 현재 진행되는 정치적 프로젝트의 대상으로 생각할 때 떠오르는 복잡성에 관한 몇 가지 생각들로 마무리하겠다.

좌파나 평등주의적 색채를 가진 사람들로서는 지대주의와 절멸주의는 악마의 측면을 대표하고, 사회주의와 공산주의는 착한 사람들의 희망을 대표한다고 말하기 쉽다. 만일 우리가 그러한 이념형 사회를 종착지나 혹은 우리의 현수막에 새겨넣는 슬로건으로만 받아들인다면 그 말은 타당할 수도 있다. 그러나 여기 서술한 사회 모델 중 어느 것도 현재의 사회관계를 완전히 전환하는 방식으로, 하루아침에 실행할 수 있는 지표는 없다. 실제로는 아마도 이들 중 어느 것도 결코 순수한 형태로 가능하지 않을 것이다. 왜냐하면 그러기에 역사는 그야말로 너무 뒤범벅이고, 현실 사회는 그 어떤 이론적 모형의 한계도 넘어서기 때문이다.

이는 종착지의 정확한 특성보다는, 그러한 유토피아나 디스토피아로 이르는 길에 우리가 특별히 관심을 두어야 한다는 것을 의미한다. 특히 유토피아에 이르는 길은 그것 자체가 유토피아적일 필요는 없기 때문이다.

1장에서 나는 유토피아적 목적지에 이르는 극도로 공상적이고 이상적인 길을 제시했다. 보편적 기본소득이 완전한 공산주의로 나아가는 데 윤활유가 되어주는 "공산주의로 가는 자본주의적인 길"이 그것이다. 그러나 이러한 전환은 현재 우리의 정치와 경제 모두를 지배하는 엄청난 부를 쥔 엘리트들을 권좌에서 몰아내는 것과 함께 이루어야 할 것이다. 현실에서 기본소득 프로그램에 대한 얼마 되지 않는 역사적 경험에 비추어 볼 때, 부자들은 그들의 부와 권력이 줄어들 때 가만히 있지 않는다. 따라서 어려운 싸움을 하게 될 것이다.

나미비아의 오치베로-오미타라에서 2008년과 2009년에 시행된 시범사업의 예를 살펴보자. 2년 동안 마을에 사는 모든 사람은 월 지급액으로 100나미비아 달러(약 13미국 달러)를 받았다. 인도주의적 견지에서 보자면, 그러한 아주 적은 수준의 기본소득도 대성공이었다. 학교 출석률이 가파르게 올라가고, 어린이들의 영양실조율이 급격히 떨어졌으며, 심지어 범죄율도 줄어든 것이다. 그러나 이는 그 지역의 엘리트를 이루는 백인 농부들에게는 관심 사항이 아니었다. 백인 농부들은 모든 증거와는 반대로, 기본소득이 범죄와 알코올 중독을 가져왔다고 고집하였다. 이 기본소득 프로젝트의 시행을 도운 경제학자이자 신학자인 더크 하만은 백인 농부들이 "가난한 사람들이 영향력을 확대하여 인구의 20%를 차지하는 백인 부자들로부터 권력을 빼앗지는 않을지 두려워했다"고 추론한다.[142] 그리고 아마도 더욱 직접적으로는 월 100달러 지급으로 인해 노동자들이 농장 노동자 최저임금인 시급 2달러를 받으려 하지 않게 될까봐 두려워했을 것이다.

따라서 풍요와 평등 세계로의 전환은 격동적이고 충돌이 만연하게 될 가능성이 크다. 만일 부자들이 자신들의 특권을 자발적으로 포기하지 않는다면, 그것을 강제로 빼앗을 수밖에 없는데, 그런 투쟁은 양측에게 몹시 나쁜 결과를 가져다준다. 프리드리히 니체가 유명한 잠언에서 말한 대로다. "괴물과 싸우는 사람은 그 싸움 속에서 스스로 괴물이 되지 않도록 조심해야 한다. 우리가 괴물의 심연을 오랫동안 들여다보고 있으면, 그 심연 또한 우리를 들여다보게 될 것이다."[143] 공산주의 시인 베르톨트 브레히트가 「후세에게」에 쓴 대로, 폭압 체제에 대항한 혁명은 그에 참여했던 사람들 자신을 야수같이 만들기도 한다.

> 부당함에 대항하는 분노조차도
> 목소리를 점점 더 거칠어지게 하지. 아아, 슬프도다
> 친절함이 가능하기 위한 토대를 마련코자 했던 우리는
> 정작 친절할 수 없었다[144]

직설적으로 말하는 것이 특징인 마오쩌둥이 말한 대로, "혁명은 만찬 파티가 아니다."[145] 다른 말로 하면 가장 성공적이고 정당화되는 혁명이라도 손해를 보는 사람과 희생자가 생기기 마련이다.

비판이론가인 헤르베르트 마르쿠제는 1962년 경제학자 폴 A. 바란에게 보낸 편지에 "누구도 지금껏 역사의 희생자를 개의치 않았다"고 말했다.[146] 그 말은 소비에트 공산주의의 희생자들에 대해서는 훈계에 열을 올리지만 자본주의의 엄청난 인간 희생에 관해서는 침묵하는 자유주의자들의 위선을 향한 것이었다. 그의 말은 귀에 거슬리고, 어쩌면 가혹한 판단일 수도 있는데, 마르쿠제 스스로 그것을 넘어설 것을 촉구한다. 그런데 그의 말은 우리로 하여금 사회의 네 가지 미래가 깔끔한 도덕 상자에 들어맞지는 않는다는 것을

보게 함으로써, 내가 여기서 시작한 활동에 중요한 관점을 제공한다.

그것은 우리가 횡단해야 하는 길의 어려움을 과소평가하거나, 혹은 그 과정에서 거치게 될 무한한 야만성을 합리화하기 위해 우리의 도착지를 아름답게 포장할 위험성이다. 그리고 또 하나의 위험한 가능성이 있다. 그것은 여행 마지막에 우리가 그 여행이 얼마나 힘들었는지 그리고 누가 뒤에 남겨졌는지를 잊는 것이다. 발터 벤야민은 에세이 「역사의 개념에 대하여」에서 역사에 관한 설명이 필연적으로 승자들에게 공감하는 경향에 대해 말하는데, 승자들은 보통 그 역사를 쓰게 되는 사람들이다. "그런데 현재 지배하는 자들은 예전에 승리했던 자들의 후예들이다. 그에 따라 승리자에게 감정이입하는 일은 항상 현재의 지배하는 자들에게 이익을 준다."[147] 그러나 분명한 지배자가 없는 사회에서조차 역사는 살아남은 자들을 강조하는 경향이 있을 것이라는 점 또한 우리는 이야기할 수 있다. 살아남은 자들은 결국 문자 그대로 역사를 쓸 수 있는 현존하는 유일한 사람들이기 때문이다. 그런 측면에서 우리의 첫 번째 공산주의 미래의 주민들에게 돌아가보자. 아마도 그들은 마침내 자본주의에서 공산주의로 향하는 길의 마지막에 있는 것이 아니라,

절멸주의의 공포를 거쳐 더욱 길고 어두운 여행의 끝에 있을 것이다.

절멸주의의 중심 문제를 기억하자. 그곳에서 풍요와 일로부터의 해방은 소수에게는 가능하지만, 물질적인 제약으로 인해 같은 상황을 모든 사람에게 확대하는 것은 불가능하다. 동시에 자동화는 대량의 노동자를 불필요하게 만들었다. 결과는 감시와 억압, 감금 그리고 전면적인 대량학살 단계로 넘어갈 거라는 위협이 상존하는 사회다.

그런데 가령 우리가 그 깊은 심연을 들여다본다면 어떨까? '잉여' 인구가 제거되고 부자들만 최종적으로 로봇 및 요새화된 건물과 함께 남겨졌을 때, 무엇이 남을까? 전투용 드론과 로봇 암살자들은 임무가 해제될 수 있고, 감시 기구도 점차 붕괴될 수 있다. 그러면 남은 집단은 과거의 잔인하고 비인간적인 전쟁의 교훈을 서서히 진화시켜 평등과 풍요의 삶, 달리 말하면 공산주의로 정착할 수 있다.

미국에 사는 유럽인의 후손으로서 나는 그것이 어떨 것이라는 것을 안다. 결국 나는 집단학살의 수혜자다.

내가 사는 사회는 북아메리카 대륙 원래의 거주민들에 대한 체계적 절멸 위에 세워졌다. 오늘날 그 최초 미국인의 살아남은 후손들은 빈곤하고, 수적으로도 소수인 데다, 지리적으로 고립되어있어, 자신들의 삶을 살아가는 그들을 대다수 미국인은 무시하기 쉽다. 이따금 그 생존자들이 우리의 시선을 끌기도 한다. 설령 우리는 조상들의 잔혹한 행위들을 뉘우칠는지는 몰라도, 대체로 우리의 부유한 삶과 토지를 포기할 가능성은 생각해보지 않는다. 마르쿠제가 말한 대로 누구도 역사의 희생자에게 관심을 두지 않는다.

이제 렌즈의 초점을 약간 멀리 맞추어보면, 요점은 우리가 네 가지 미래 중 꼭 하나만 고를 필요는 없다는 것이다. 우리는 그 모두에 이를 수 있고, 네 가지 각각으로부터 다른 것들에 이르는 길도 있다.

우리는 절멸주의가 어떻게 공산주의가 되는지를 보았다. 마찬가지로 누군가 인위적인 결핍을 다시 도입하는 방법을 찾아 새로운 지대주의 엘리트를 만들어낼 수 있다면, 마찬가지로 공산주의는 항상 반혁명의 대상이 된다. 사회주의는 이러한 압박을 더욱 심각하게 겪는다. 왜냐하면 공통의 물질적 곤란이 심화되면 어떤 집단이든 자신들을 특권화된 엘리트로 만들려는 충동이 강화되게 마련이어서 그 체제를 절멸주의로 전환시키기 때문이다.

그러나 철저한 문명붕괴로 인해 축적된 지식이 완전히 사라지고 새로운 암흑기로 내동댕이쳐지지 않는 한, 우리가

아는 산업자본주의로 돌아가는 길을 만나기는 어렵다. 이것
이 이 책의 두 번째 중요한 요점이다. 우리는 과거로 돌아갈
수 없으며, 심지어 현재 우리가 가진 것을 붙들고 있을 수도
없다. 새로운 무엇인가가 오고 있다. 그리고 실제로 어떤 면
에서 네 가지의 모든 미래는, 윌리엄 깁슨을 인용하면, 이미
여기에 "고르지 않게 퍼져"있다.

주석

1. National Oceanic and Atmospheric Administration, "Trends in Atmospheric Carbon Dioxide," ESRL.NOAA.gov, 2014.
2. Thomas F. Stocker et al., "Climate Change 2013: The Physical Science Basis," Intergovernmental Panel on Climate Change, Working Group I Contribution to the Fifth Assessment Report of the Intergovernmental Panel on Climate Change, New York: Cambridge University Press, 2013.
3. Erik Brynjolfsson and Andrew McAfee, *The Second Machine Age: Work, Progress, and Prosperity in a Time of Brilliant Technologies*, New York: W. W. Norton, 2014.
4. Carl Benedikt Frey and Michael A. Osborne, "The Future of Employment: How Susceptible Are Jobs to Computerisation?," OxfordMartin.ox.ac.uk, 2013.
5. Kevin Drum, "Welcome, Robot Overlords. Please Don't Fire Us?," Mother Jones, May/June 2013.
6. Brynjolfsson and McAfee, *The Second Machine Age*, pp. 7-8.
7. Frey and Osborne, "The Future of Employment."
8. Martin Ford, *Rise of the Robots: Technology and the Threat of a Jobless Future*, New York: Basic Books, 2015.
9. Katie Drummond, "Clothes Will Sew Themselves in Darpa's Sweat-Free Sweatshops," Wired.com, June 6, 2012.
10. Leanna Garfi eld, "These Warehouse Robots Can Boost Productivity by 800%," TechInsider.io, February 26, 2016.
11. Ilan Brat, "Robots Step into New Planting, Harvesting Roles," *Wall Street Journal*, April 23, 2015.
12. Shulamith Firestone, *The Dialectic of Sex: The Case for Feminist Revolution*, New York: Farrar, Straus and Giroux, 1970.
13. Soraya Chemaly, "What Do Artifi cial Wombs Mean for Women?" Rewire.news, February 23, 2012.
14. Drum, "Welcome Robot Overlords."
15. Tyler Cowen, *The Great Stagnation: How America Ate All the Low-Hanging Fruit of Modern History, Got Sick, and Will (Eventually) Feel Better*, New York: Penguin, 2011; Robert J. Gordon, "Is U.S.

Economic Growth Over? Faltering Innovation Confronts the Six Headwinds," National Bureau of Economic Research Working Paper Series, Cambridge, MA: National Bureau of Economic Research, August 2012.

16. Doug Henwood, "Workers: No Longer Needed?" Lbo-News.com, 2015.

17. Jeremy Rifkin, *The End of Work: The Decline of the Global Labor Force and the Dawn of the Post-Market Era*, New York: Putnam, 1995; Stanley Aronowitz and William DiFazio, The Jobless Future: Sci-Tech and the Dogma of Work, Minneapolis: University of Minnesota Press, 1994.

18. Norbert Wiener, *Cybernetics: Or Control and Communication in the Animal and the Machine*, Cambridge, MA: MIT Press, 1948, p. 28.

19. Paul Krugman, "Sympathy for the Luddites," *New York Times*, June 14, 2013.

20. Ford, Rise of the Robots; Derek Thompson, "A World Without Work," *Atlantic*, July/August 2015; Farhad Manjoo, "Will Robots Steal Your Job?," Slate.com, September 26, 2011; Drum, "Welcome Robot Overlords."

21. Mike Konczal, "The Hard Work of Taking Apart Post-Work Fantasy," NextNewDeal.net, 2015.

22. Thomas Piketty, *Capital in the Twenty-First Century*, trans. Arthur Goldhammer, Cambridge, MA: Harvard University Press, 2014.

23. Thom Andersen, *Los Angeles Plays Itself*, Thom Andersen Productions, 2003.

24. Ray Kurzweil, *The Singularity Is Near: When Humans Transcend Biology*, New York: Penguin, 2005.

25. Rosa Luxemburg, *The Junius Pamphlet: The Crisis in the German Social Democracy*, Marxists.org, 1915.

26. Robert Costanza, "Will It Be Star Trek, Ecotopia, Big Government, or Mad Max?," *The Futurist* 33: 2, 1999, p. 2.

27. Luxemburg, *The Junius Pamphlet*.

28. Wolfgang Streeck, "How Will Capitalism End?" *New Left Review 2*: 87, 2014, p. 47.

29. David Brin, "The Self-Preventing Prophecy: Or How a Dose of Nightmare Can Help Tame Tomorrow's Perils," in Abbott Gleason, Jack Goldsmith, and Martha C. Nussbaum, eds., *On Nineteen Eighty-Four: Orwell and Our Future*, Princeton, NJ: Princeton University Press, 2010, p. 222.

30. Kurt Vonnegut, *Player Piano*, New York: Charles Scribner's Sons, 1952, p. 302.

31. Ibid., p. 61.

32. Karl Marx, "Afterword to the Second German Edition" in *Capital, Volume I*, Marxists.org, 1873.

33. Karl Marx, "The Trinity Formula" in *Capital Volume III*, Marxists. org, 1894.

34. Ibid.

35. Ibid.

36. Karl Marx, "Part 1" in *Critique of the Gotha Programme*, Marxists. org, 1875.

37. John Maynard Keynes, "Economic Possibilities for Our Grandchildren (1930)," *Essays in Persuasion*, Whitefi sh, MT: Kessinger Publishing, 2010, pp. 358-73.

38. Theodor Adorno and Max Horkheimer, *Towards a New Manifesto*, New York and London: Verso Books, 2011, pp. 30-31.

39. Clemens Hetschko, Andreas Knabe, and Ronnie Schöb, "Changing Identity: Retiring from Unemployment," *Economic Journal* 124: 575, 2014, pp. 149-66.

40. Clemens Hetschko, Andreas Knabe, and Ronnie Schöb, "Identity and Wellbeing: How Retiring Makes the Unemployed Happier," VoxEU. org, 2012.

41. Ibid.

42. Zeynep Tufekci, "Failing the Third Machine Age: When Robots Come for Grandma," Medium.com, 2014.

43. Gøsta Esping-Andersen, *The Three Worlds of Welfare Capitalism*, Cambridge, UK: Polity, 1990.

44. André Gorz, *Strategy for Labor*, Boston, MA: Beacon Press, 1967.

45. Ibid., p. 6.

46. Ibid., pp. 7-8.

47. Robert J. van der Veen and Philippe van Parijs, "A Capitalist Road to Communism," *Theory and Society* 15: 5, 1986, pp. 635-55.

48. Ibid., p. 637.

49. Ibid., p. 645.

50. Ibid., p. 646.

51. André Gorz, *Critique of Economic Reason*, New York and London: Verso Books, 1989, p. 169.

52. Van der Veen and Van Parijs, "A Capitalist Road to Communism," p. 646.

53. Corey Robin, "Socialism: Converting Hysterical Misery into

Ordinary Unhappiness for a Hundred Years," CoreyRobin.com, 2013.

54. Pamela Chelin, "Rebecca Black Fighting Ark Music Factory over 'Friday,'" Cnn.com, 2011.

55. Cory Doctorow, *Down and Out in the Magic Kingdom*, New York: Tor Books, 2003.

56. Ibid., p. 10.

57. Aaron Halfaker et al., "The Rise and Decline of an Open Collaboration System: How Wikipedia's Reaction to Sudden Popularity Is Causing Its Decline," *American Behavioral Scientist* 57: 5, May 2013, p. 683.

58. Tom McKay, "Bitcoin vs. Dogecoin: Which One Is Really Worth More?" Mic.com, January 14, 2014.

59. Kevin Collier, "Meet Moolah, the Company That Has Dogecoin by the Collar," DailyDot.com, July 7, 2014.

60. Cory Doctorow, "Wealth Inequality Is Even Worse in Reputation Economies," LocusMag.com, March 3, 2016.

61. Charles Stross, *Accelerando*, New York: Penguin Group, 2005.

62. Richard B. Freeman, "Who Owns the Robots Rules the World," WoL.IZA.org, 2015.

63. Henry Sutherland Edwards, *Old and New Paris: Its History, Its People, and Its Places*, vol. 1, London: Cassell and Company, 1893.

64. Henry George, *Progress and Poverty*, HenryGeorge.org, 1879.

65. Council of Georgist Organizations, "Introduction to Georgist Philosophy and Activity," CGOCouncil.org.

66. John Maynard Keynes, "Concluding Notes on the Social Philosophy Towards Which the General Theory Might Lead" in *The General Theory of Employment, Interest and Money*, Marxists.org, 1936.

67. Ibid.

68. Rachel Riederer, "Whose Moon Is It Anyway?," *Dissent* 61: 4, 2014, p. 6.

69. Michele Boldrin and David K. Levine, *Against Intellectual Monopoly*, Cambridge, UK: Cambridge University Press, 2008.

70. Michele Boldrin and David K. Levine, "Property Rights and Intellectual Monopoly," DKLevine.com.

71. *Bowman v. Monsanto Co.*, 133 S. Ct., No. 11-796 (2013).

72. European Patent Offi ce, "IPR-Intensive Industries: Contribution to Economic Performance and Employment in the European Union," EPO. org, September 2013.

73. Mark Doms et al., "Intellectual Property and the U.S. Economy:

Industries in Focus," USPTO.gov, April 2012.

74. William J. Lynn III, "Defending a New Domain: The Pentagon's Cyberstrategy," *Foreign Affairs*, September/October 2010.

75. Ibid.

76. Ibid.

77. Samuel Bowles and Arjun Jayadev, "Guard Labor," *Journal of Development Economics* 79: 2, 2006, p. 335.

78. Samuel Bowles and Arjun Jayadev, "One Nation Under Guard," *New York Times*, February 15, 2014.

79. Rob Wile, "A Venture Capital Firm Just Named an Algorithm to Its Board of Directors—Here's What It Actually Does." BusinessInsider. com, May 13, 2014.

80. Scott Spangler et al., "Automated Hypothesis Generation Based on Mining Scientifi c Literature," in *Proceedings of the 20th ACM SIGKDD International Conference on Knowledge Discovery and Data Mining*, New York: Association of Computing Machinery, 2014.

81. Edith Law and Luis von Ahn, *Human Computation*, San Rafael, CA: Morgan & Claypool, 2011.

82. Orson Scott Card, *Ender's Game*, New York: Tor Books, 1985.

83. André Gorz, *Reclaiming Work: Beyond the Wage-Based Society*, trans. Chris Turner, Cambridge, UK: Polity Press, 1999, p. 90.

84. Kim Stanley Robinson, *The Wild Shore*, New York: Tom Doherty Associates, 1984; The Gold Coast, New York: Tom Doherty Associates, 1988; *Pacific Edge*, New York: Tom Doherty Associates, 1990.

85. John Christensen and Kim Stanley Robinson, "Planet of the Future," BoomCalifornia.com, 2014.

86. Istvan Csicsery-Ronay and Kim Stanley Robinson, "Pacific Overture: An Interview with Kim Stanley Robinson," LAReviewofBooks. org, January 9, 2012.

87. Robinson, Pacific Edge, pp. 5-6.

88. Stanley Jevons, *The Coal Question: An Inquiry Concerning the Progress of the Nation and the Probable Exhaustion of Our Coal-Mines*, London: Macmillan, 1865.

89. For an example of recent work infl uenced by Hubbert's theory, see Kenneth S. Deffeyes, *Hubbert's Peak: The Impending World Oil Shortage*, Princeton, NJ: Princeton University Press, 2008.

90. Christian Parenti, "A Radical Approach to the Climate Crisis," *Dissent*, Summer 2013.

91. Minqi Li, "Capitalism, Climate Change and the Transition to

Sustainability: Alternative Scenarios for the US, China and the World," *Development and Change* 40: 6, 2009, p. 1,047.

92. Barbara Ehrenreich, *Bright-Sided: How Positive Thinking Is Undermining America*, New York: Metropolitan Books, 2009.

93. Napoleon Hill, *Think and Grow Rich*, Meridien, CT: Ralston Society, 1938; Rhonda Byrne, *The Secret*, Australia: Atria Books, 2006.

94. Kim Stanley Robinson, *Red Mars*, New York: Bantam Books, 1993; *Blue Mars*, New York: Bantam Books, 1996.

95. For example, see Andreas Malm, *Fossil Capital: The Rise of Steam Power and the Roots of Global Warming*, New York and London: Verso Books, 2016.

96. Bruno Latour, "Love Your Monsters," *Break Through* 2, Winter 2012.

97. Ibid.

98. Ibid.

99. Ken MacLeod, *The Cassini Division*, New York: Tor Books, 2000, p. 62.

100. Francis Spufford, *Red Plenty*, London: Faber and Faber, 2010.

101. Kim Stanley Robinson, 2312, New York: Hachette Book Group, 2012, p. 125.

102. Ibid.

103. Erik Olin Wright, "Transforming Capitalism through Real Utopias," *American Sociological Review* 78: 1, 2013, p. 7.

104. Donald Shoup, *The High Cost of Free Parking*, Washington, DC: APA Planners Press, 2005.

105. Leon Trotsky, "'Business Secrets' and Workers' Control of Industry" in *The Transitional Program*, Marxists.org, 1938.

106. Leon Trotsky, "Conditions and Methods of Planned Economy" in *Soviet Economy in Danger: The Expulsion of Zinoviev*, Marxists.org, 1932.

107. Bertell Ollman, "Market Mystifi cation in Capitalist and Market Socialist Societies," in Bertell Ollman and David Schweickart, eds., *Market Socialism: The Debate Among Socialists*, London: Routledge, 1998, p. 81.

108. Ibid.

109. Mike Konczal, "Socialize Uber: It's Easier than You Think," *The Nation*, December 10, 2014.

110. Alyssa Battistoni, "Alive in the Sunshine," *Jacobin* 13, Winter 2014.

111. William Gibson, "The Science of Science Fiction," *Talk of the*

Nation, Washington, DC: National Public Radio, November 30, 1999.

112. E. P. Thompson, "Notes on Exterminism: The Last Stage of Civilisation, Exterminism and the Cold War," *New Left Review* 1: 121, 1980.

113. Karl Marx, *The Poverty of Philosophy*, Marxists.org, 1847.

114. Thompson, "Notes on Extremism," p. 5.

115. Wassily Leontief, "Technological Advance, Economic Growth, and the Distribution of Income," *Population and Development Review* 9: 3, 1983, p. 405.

116. M. Eugene Ensminger, Horses and Horsemanship, 5th ed., Shawnee Mission, KS: Interstate Publishers, 1977.

117. Leontief, "Technological Advance," p. 409.

118. Bryan S. Turner, "The Enclave Society: Towards a Sociology of Immobility," *European Journal of Social Theory* 10: 2, 2007.

119. Ibid., p. 290.

120. Christian Parenti, *Tropic of Chaos: Climate Change and the New Geography of Violence*, New York: Nation Books, 2011.

121. Morgan Brennan, "Billionaire Bunkers: Beyond the Panic Room, Home Security Goes Sci-Fi," Forbes.com, December 16, 2013.

122. Anand Giridharadas, "Silicon Valley Roused by Secession Call," *New York Times*, October 29, 2013.

123. Puck Lo, "In Gentrifying Neighborhoods, Residents Say Private Patrols Keep Them Safe," Al Jazeera America, May 30, 2014.

124. Martin Lukacs, "New, Privatized African City Heralds Climate Apartheid," *Guardian*, January 21, 2014.

125. Louise Story and Stephanie Saul, "Stream of Foreign Wealth Flows to Elite New York Real Estate." *New York Times*, February 7, 2015.

126. Morgan Brennan, "Billionaires' Bunkers."

127. Tom Perkins, "Progressive Kristallnacht Coming?" *Wall Street Journal*, January 24, 2014.

128. Adam Withnall, "Cartier Boss with $7.5bn Fortune Says Prospect of the Poor Rising Up 'Keeps Him Awake at Night,'" *Independent*, June 9, 2015.

129. Adam Hanieh, "Palestine in the Middle East: Opposing Neoliberalism and US Power," *Monthly Review*, July 19, 2008.

130. Michael Lerner, "The New Israeli Government: It's Worse than You Think," *Tikkun*, May 7, 2015.

131. Greg Miller, "Plan for Hunting Terrorists Signals US Intends to Keep Adding Names to Kill Lists," *Washington Post*, October 23, 2012.

132. Ibid.

133. *Brown v. Plata*, 134 S. Ct., No. 09-1233 (2011).

134. Ruth Wilson Gilmore, *Golden Gulag: Prisons, Surplus, Crisis, and Opposition in Globalizing California*, Oakland: University of California Press, 2006.

135. Richard E. Redding, "Evidence-Based Sentencing: The Science of Sentencing Policy and Practice," *Chapman Journal of Criminal Justice* 1: 1, 2009, pp. 1-19.

136. Radley Balko, *Rise of the Warrior Cop: The Militarization of America's Police Forces*, New York: Public Affairs, 2013.

137. Karen Foshay, "When the SWAT Team You Founded Kills Your Son-in-Law," Al Jazeera America, March 19, 2015.

138. Julilly Kohler-Hausmann, "Militarizing the Police: Offi cer Jon Burge's Torture and Repression in the 'Urban Jungle,' " in Stephen Hartnett, ed., *Challenging the Prison-Industrial Complex: Activism, Arts, and Educational Alternatives*, Urbana: University of Illinois Press, 2010, pp. 43-71.

139. American Civil Liberties Union Foundation, *War Comes Home: The Excessive Militarization of American Policing*, ACLU.org, June 2014.

140. Paulina Firozi, "Police Forces Pick Up Surplus Military Supplies," *USA Today*, June 15, 2014.

141. International Network of Civil Liberties Organizations, *Take Back the Streets: Repression and Criminalization of Protest Around the World*, ACLU.org, October 2013.

142. Dialika Krahe, "A New Approach to Aid: How a Basic Income Program Saved a Namibian Village," *Spiegel Online International*, August 10, 2009.

143. Friedrich Nietzsche, *Beyond Good and Evil*, Ne w York: Macmillan, 1907, p. 97.

144. Bertolt Brecht, *Poems*, 1913–1956, London: Routledge, 1979.

145. Mao Tse Tung, *Quotations from Mao Tse Tung*, Marxists.org, 1966.

146. Paul Baran and Herbert Marcuse, "The Baran Marcuse Correspondence," *Monthly Review*, March 1, 2014.

147. Walter Benjamin, "On the Concept of History," trans. Dennis Redmond, Marxists.org, 1940.